DOCUMENTS RELATIFS A LA SITUATION DES ÉTRANGERS DEVANT LES TRIBUNAUX CHINOIS.

PUBLIÉ PAR LA COMMISSION DE L'EXTERRITORIALITÉ.

PÉKIN, AVRIL 1926.

IMPRIMERIE NA-CHE-PAO

DOCUMENTS RELATIFS A LA SITUATION DES ÉTRANGERS DEVANT LES TRIBUNAUX CHINOIS.

PUBLIÉ PAR LA COMMISSION DE L'EXTERRITORIALITÉ.

PÉKIN, AVRIL 1926.

IMPRIMERIE NA-CHE-PAO

ERRATA.

(Texte).—P. 3, ligne 10, au lieu de: assistant (observateur, 官審, étranger), lire: assistant (observateur, 觀審) étranger.

„ P. 4, ligne 3, au lieu de : 1729, lire: 1720.

„ P. 9, ligne 9, au lieu de : 10160, lire : 1060.

(Statistiques).—P. 2, 4e col., 3e décision, au lieu de : 29 Juin, lire : 29 Mai.

„ P. 10, 2e col., 2e décision, au lieu de: Sprikaia (士不列清等), lire : Sprikaia (士不列街).

„ P. 11, 2e col., 5e décision, au lieu de : Maowenmomahyah (毛文士等), lire : Maowenmomahyah (毛文士).

„ P. 50, 2e col., 3e décision: après: Maofulan, ajouter : *dit* Yuanluer.

AVERTISSEMENT.

Cette brochure contient :

1° Une notice sommaire relative au jugement des affaires mixtes, c'est-à-dire qui mettent en cause un sujet Chinois et le ressortissant d'une Puissance jouissant en Chine de la juridiction consulaire ;

2° Un règlement relatif au jugement des affaires civiles et pénales concernant les ressortissants de Puissances qui ne jouissent pas de la juridiction consulaire ;

3° Des instructions relatives au jugement des affaires civiles et pénales concernant les ressortissants de Puissances qui ne jouissent pas des droits d'exterritorialité ;

4° Un règlement concernant l'exercice auprès des tribunaux chinois des avocats ressortissants de Puissances qui ne jouissent pas de la juridiction consulaire ;

5° Des statistiques se rapportant aux affaires civiles et pénales mixtes et aux affaires concernant les ressortissants de Puissances qui ne jouissent pas de la juridiction consulaire.

I

Notice sommaire relative au jugement des affaires mixtes.

Observation.—Les règles concernant les affaires mixtes sont fondées sur les traités sino-étrangers et sur des ordonnances du Ministère de la Justice. En vue de remédier à la difficulté que l'on éprouve à rechercher ces documents, qui sont fort dispersés, la présente notice contient un résumé des plus importants de ces traités et ordonnances; elle est divisée en plusieurs paragraphes, les références aux documents visés étant indiquées à la fin de chaque paragraphe(1).

§ 1er.—*Définition des affaires mixtes.*

Toute affaire mixte met en cause un sujet Chinois et un ressortissant étranger jouissant de la juridiction consulaire. Le terme : « étranger » est pris ici au sens propre. Si un litige surgit entre un sujet Chinois travaillant dans une entreprise étrangère en qualité de *comprador* ou d'employé, et un commerçant Chinois, ce litige ne peut être considéré comme un procès sino-étranger ; le chef de l'entreprise et le consul étranger ne peuvent y intervenir.

(Référence : lettre officielle du *Tsong-chou* (2), en date de la 1ère année Kouang-siu (1875), indiquant que les procès mettant en cause le *comprador* chinois d'une entreprise étrangère doivent être jugés par les autorités chinoises).

§ 2.—*Juridictions compétentes dans les affaires mixtes.*

A) *Juridictions compétentes en premier ressort.*

---

(1) Cette notice n'est qu'un résumé très succinct d'un régime qui présente en réalité des différences importantes suivant qu'il s'agit de telle ou telle Puissance.

(2) Titre officiel : 總署衙門. Cet organe a précédé, sous les Ts'ing, la création du Ministère des Affaires Etrangères.

Tout procès sino-étranger dans lequel le sujet Chinois a la qualité de défendeur doit être jugé par l'autorité chinoise locale, conformément aux traités. Si le demandeur étranger engage une action devant les tribunaux modernes des différents degrés, cette action est recevable. Toutefois, étant donné que ces tribunaux modernes sont des organes indépendants (c'est-à-dire distincts des autorités administratives), il est permis aux étrangers d'engager une action devant eux, mais sans la présence d'un assistant (observateur, [illegible], étranger) Si un étranger insiste pour avoir un assistant (observateur) de sa nationalité devant ces tribunaux, l'action est alors rejetée et l'affaire renvoyée devant l'autorité locale.

(Référence: ordonnance du Ministère de la Justice, en date du 26 novembre 1912, relative aux mesures à prendre en ce qui concerne les affaires mixtes).

B) *Juridictions compétentes en deuxième ressort.*

Dans le cas où le procès est jugé par l'autorité locale, si les parties ne sont pas satisfaites de la décision, elles peuvent interjeter appel devant le Commissaire des Affaires Etrangères délégué par le Ministère des Affaires Etrangères.

(Référence: article 2 du règlement du Ministère de la Justice, n° 78, en date du 6 mars 1913, relatif au règlement des affaires mixtes).

§ 3.—*Compétence territoriale.*

Tout procès sino-étranger doit être jugé par l'autorité administrative du lieu où surgit le litige, ou, en cas d'impossibilité, doit être transféré à l'autorité administrative d'un autre lieu. S'il est réellement incommode pour l'assistant (observateur) étranger de se rendre auprès de l'autorité locale pour être présent à l'audience, le Ministère des Affaires Etrangères peut aviser l'autorité civile supérieure de cet endroit pour que l'affaire soit jugée temporairement par l'autorité administrative d'un autre lieu.

(Référence: lettre du Ministère de la Justice, n° 1729, en date du 8 décembre 1913, au Ministère des Affaires Etrangères, énonçant que, en matière d'affaires mixtes, on doit tenir compte de la compétence territoriale des tribunaux).

§ 4.—*Qualités requises du juge.*

Si le fonctionnaire local saisi d'un procès sino-étranger ne possède pas de diplôme obtenu dans une école de droit, il peut demander par écrit, au président du tribunal de district du *hien* dans lequel il exerce ou d'un *hien* voisin, de lui envoyer un juge ; il peut aussi demander par écrit, au tribunal ou au parquet du même *hien*, de lui envoyer un assistant pour l'affaire être par eux jugée conjointement.

(Référence : article 1er du règlement précité du 6 mars 1913).

Les dispositions de l'alinéa précédent sont applicables en ce qui concerne les qualités requises des fonctionnaires saisis de l'appel d'un procès sino-étranger.

(Référence : 2e paragraphe de l'article 2 du règlement précité du 6 mars 1913).

§ 5.—*Procédure des affaires mixtes.*

Lorsque le fonctionnaire local, ou le Commissaire des Affaires Etrangères délégué par le Ministère des Affaires Etrangères, ont à s'occuper d'un procès sino-étranger, ils doivent se conformer au règlement ordinaire de procédure, sauf en ce qui concerne les articles qui sont en contradiction avec les traités, ou qui ne sont pas applicables devant les autorités administratives.

(Référence: article 3 du règlement précité du 6 mars 1910).

§ 6.—*Papier timbré judiciaire et frais de justice.*

Dans une affaire civile mixte, si le demandeur engage directement une instance, il doit employer le papier timbré judiciaire et payer les frais de justice. Si c'est le consul étranger qui renvoie l'affaire devant le tribunal, l'emploi du papier timbré judiciaire n'est pas exigé, mais les frais de justice doivent être payés conformément à la loi. Si le consul est d'un avis différent, le tribunal doit lui demander d'aviser le demandeur de fournir caution. Si le procès est perdu, le demandeur ou sa caution doit aquitter les frais. Dans le cas où une caution est fournie, on peut ne pas payer d'avance les frais de justice.

(Références : avis du Ministère de la Justice, n° 5479, en date du 1er juin 1915, au tribunal supérieur de la province de Chan-tong, et ordonnance télégraphique dudit Ministère, en date du 17 juin 1920, au tribunal supérieur de la province de Tche-li).

§ 7.—*Fonctionnaire assistant à l'audience.*

Tout procès sino-étranger doit être jugé par le fonctionnaire de la nationalité du défendeur ; le fonctionnaire de la nationalité du demandeur peut assister à l'audience.

(Référence : traité sino-britannique de Tche-fou, du 13 septembre 1876, et articles additionnels au traité entre la Chine et les Etats-Unis, du 17 novembre 1880).

Suivant l'usage, lorsque le consul assiste à l'audience, il prend place après le fonctionnaire chinois et garde le silence. S'il a des observations à formuler, il ne les expose au fonctionnaire chinois qu'après la levée de l'audience.

(Référence : lettre officielle du Ministère de la Justice, n° 1655, en date du 6 novembre 1913, au Ministère des Affaires Etrangères, exposant le régime du traité de Tche-fou et la pratique de l'assistance à l'audience, et demandant à ce Ministère de faire à ce sujet des démarches auprès du Ministre d'Angleterre en Chine).

§ 8.—*Exercice du ministère des avocats.*

Il est prévu dans le règlement sur les avocats, du 13 août 1923, que les avocats peuvent exercer leurs fonctions devant les tribunaux modernes ordinaires ou spéciaux. Dans les endroits où il n'existe pas encore de tribunaux modernes, le système des avocats n'est pas applicable. Dans ces endroits, les procès sino-étrangers sont jugés par les autorités locales ; il n'est donc pas permis aux avocats d'y exercer leurs fonctions.

(Références: ordonnance du Ministère de la Justice, n° 41, en date du 14 février 1913, et avis du même Ministère, n° 2764, en date du 4 avril 1917, au tribunal supérieur de la province de Kiang-sou).

§ 9.—*Exécution des jugements.*

Lorsqu'il est intervenu une décision définitive dans un litige sino-étranger, c'est l'autorité locale qui assure l'exécution du jugement, sans qu'il y ait à s'occuper de savoir s'il est ou non fait appel, à l'exception des cas où l'autorité locale juge nécessaire de faire concourir le Commissaire des Affaires Etrangères à l'exécution.

(Référence: lettre officielle du Ministère de la Justice, n° 994, en date du 1er juillet 1913, au Ministère des Affaires Etrangères, exposant qu'il est plus pratique de charger l'autorité locale de l'exécution des jugements intervenus dans les affaires mixtes).

Décembre 1925.

II

Règlement relatif au Jugement des affaires civiles et pénales concernant les ressortissants de Puissances qui ne jouissent pas de la juridiction consulaire.

(Promulgué par Décret du 23 Mai 1919, revisé par Décret du 30 Octobre 1920).

Article Premier.—Les affaires civiles et pénales concernant les ressortissants de Puissances qui ne jouissent pas de la juridiction consulaire sont jugées conformément au présent règlement.

Art. 2.—Les affaires prévues à l'article 1er, à l'exception des infractions visées à l'article 18 du Règlement de procédure pénale, sont, en premier ressort, de la compétence des tribunaux de district, ou des sections de tribunaux de district établies près les tribunaux des zônes spéciales, et des tribunaux qui reçoivent les affaires rentrant dans la compétence des tribunaux de district. Dans les endroits où il n'existe pas de tribunaux de district ou de sections, les affaires sont renvoyées par l'autorité locale compétente devant le tribunal de district ou la section le plus proche pour être jugées. Si, dans les régions limitrophes, le renvoi n'est pas possible, l'autorité locale compétente doit, en tout temps, porter par requête les affaires à la connaissance du Ministère de la Justice, en vue d'obtenir des instructions.

Art. 3.—Si, dans les affaires prévues à l'article 1er, les ressortissants des Puissances qui ne jouissent pas de la juridiction consulaire encourent la détention préventive au civil ou au pénal ou la détention à titre de peine, ils doivent être placés (séparément pour les affaires civiles et pour les affaires pénales) dans les prisons modernes. Dans les endroits où il n'existe pas de prisons modernes, celles-ci pourront être remplacées par des chambres convenables.

Art. 4.—En ce qui concerne les règles de procédure non prévues par un texte formel du présent règlement, les dispositions du Règlement de procédure civile et de tous autres lois et règlements sur la même matière sont applicables.

Art. 5.—Si, ultérieurement, le présent règlement doit être modifié, les modifications seront effectuées par décret présidentiel sur requête du Ministère de la Justice.

Art. 6.—Le présent règlement entrera en vigueur à dater de sa promulgation.

Observations.—I.—L'article 3 du présent règlement prévoit que lorsque les ressortissants de Puissances qui ne jouissent pas de la juridiction consulaire encourent la détention préventive au civil ou au pénal ou la détention à titre de peine, ils doivent être placés (séparément pour les affaires civiles et pour les affaires pénales) dans des prisons modernes. L'esprit de la législation est orienté vers la protection des intérêts des ressortissants de Puissances qui ne jouissent pas de la juridiction consulaire, en raison de ce que, hors de Pékin, les prisons modernes sont mieux organisées que les maisons de détention. Mais, pour plus tard, en vue d'éviter des malentendus, le Ministère de la Justice a ordonné spécialement aux tribunaux d'affecter une partie des chambres dans les maisons de détention ou de transformer des chambres convenables en maisons de détention provisoires, pour y placer les défendeurs civils ressortissants de Puissances qui ne jouissent pas de la juridiction consulaire, au cas où ils doivent être détenus préventivement ou en suite d'une condamnation. Quant aux accusés, ils pourront aussi être mis dans les maisons de détention, s'il y a des inconvénients à les garder dans les prisons modernes (référence aux instructions n° 842 du Ministère de la Justice, en date du 25 novembre 1920, et n° 10160, en date du 23 novembre 1922).

II. — Jugement des infractions spéciales commises par les ressortissants de Puissances qui ne jouissent pas de la juridiction consulaire.

Lorsque des militaires, soldats et officiers, ressortissants de Puissances qui ne jouissent pas de la juridiction consulaire, auront commis des infractions sur le territoire chinois, ils seront jugés par les tribunaux ordinaires, sans avoir à être traduits devant les tribunaux militaires. En revanche, les civils ressortissants des mêmes Puissances qui auront commis des infractions prévues par les règlements sur les délits militaires, seront traités de la même façon que nos nationaux, et jugés par les tribunaux militaires. Si le tribunal ordinaire constate que l'infraction commise n'est pas de celles prévues par les règlements sur les délits militaires (1), qu'il ait été ou non statué sur l'affaire, l'instruction devra être recommencée devant le tribunal ordinaire, afin de réparer l'erreur (référence aux instructions n° 983 du Ministère de la Justice, en date du 23 février 1921, en réponse à un télégramme du tribunal supérieur de la zône spéciale des Provinces de l'Est, expédié le 19 décembre 1920).

III.—Autorisation accordée aux Russes de se servir de leurs propres formules judiciaires dans les procès qui les intéressent.

(1) V. Règlement du 18 mars 1915.

Les formules judiciaires sont en général délivrées par le Ministère de la Justice. Mais, en vue de faciliter les procès concernant les Russes, ces derniers sont autorisés à se servir de leurs propres formules judiciaires, à condition d'acquitter les frais conformément aux règlements en vigueur. Toutefois, ceux des Russes qui désirent se servir des formules judiciaires délivrées par le Ministère de la Justice ont la faculté de le faire (référence aux instructions n° 1322 du Ministère de la Justice, en date du 14 Octobre 1921).

III

Instructions obligatoires relatives au jugement des affaires civiles et pénales concernant les ressortissants de Puissances qui ne jouissent pas des droits d'exterritorialité.

(Adressées à tous les Tribunaux, le 23 octobre 1919, sous le n° 702).

1°.—Conformément à l'article 1er du règlement (du 23 mai 1919; v. plus haut) relatif au jugement des affaires civiles et pénales concernant les ressortissants de Puissances qui ne jouissent pas de la juridiction consulaire, doivent être jugées par les tribunaux chinois les affaires indiquées ci-après:

a) toutes les affaires pénales concernant les ressortissants de Puissances qui ne jouissent pas des droits d'exterritorialité ;

b) les procès civils entre sujets Chinois et ressortissants des dites Puissances ;

c) les procès civils entre ressortissants des dites Puissances.

Les procès civils dans lesquels le défendeur est un ressortissant d'une Puissance ne jouissant pas des droits d'exterritorialité et le demandeur un ressortissant d'une Puissance jouissant de ces droits, ainsi que les procès civils dans lesquels le demandeur est un ressortissant d'une Puissance ne jouissant pas des droits d'exterritorialité et le défendeur un ressortissant d'une Puissance jouissant de ces droits, sont de la compétence du consul de la nationalité du défendeur, conformément au traité existant entre la Chine et la Puissance admise à l'exterritorialité.

2o.—Lorsque les procès, en matière civile ou pénale, concernant les ressortissants d'une Puissance ne jouissant pas des droits d'exterritorialité, surviennent dans un *hien* où il n'existe ni tribunal de district, ni section de tribunal de district, le tribunal supérieur doit ordonner à l'avance à tous les *hien* de recevoir les procès en question et de les transmettre sans délai aux tribunaux de district et sections de tribunaux de district du ressort pour être jugés par ceux-ci. S'il s'agit d'une affaire civile, le *hien* doit aviser les parties de se rendre au tribunal de district ou à la section (saisis de l'affaire) dans le ressort, pour y attendre le jugement.

3o.—Dans l'article 2 du règlement (précité) du 23 mai 1919, on rencontre l'expression: "tribunal de district (ou section de tribunal) le plus proche". Si, dans la province, il existe plus de deux tribunaux de district, le tribunal supérieur doit déterminer à l'avance le ressort (de chaque tribunal) et ordonner à chacun d'eux de se conformer à cette détermination; il doit en outre faire un rapport au Ministère de la Justice.

4o.—A l'exception des affaires relevant du tribunal du premier degré (初級審判廳), les procès entre ressortissants de Puissances ne jouissant pas des droits d'exterritorialité doivent être jugés par le tribunal statuant en collège.

5o.—Pour les procès entre ressortissants de Puissances non admises à l'exterritorialité, les présidents des tribunaux de district doivent choisir avec soin les juges et les procureurs (appelés à en connaître). Ils peuvent, pour le jugement de ces affaires, désigner les juges et les procureurs qui ont fait des études à l'étranger, sans être tenus de suivre les règles de l'Annuaire judiciaire concernant la répartition des affaires (par exemple, le procureur desigué dans les affaires pénales, le juge unique dans les affaires du premier degré, le président du collège dans les tribunaux (supérieurs) et de district). Ils désignent d'abord les juges et les procureurs et rendent compte ensuite au Ministère de la Justice.

6°.—Pour les procès entre ressortissants de Puissances ne jouissant pas des droits d'exterritorialité, il y a lieu d'instituer provisoirement un interprète.

7°.—Si, dans les tribunaux, il n'y a pas de juges remplissant les conditions nécessaires, ou si l'on ne trouve pas d'interprète convenable, il faut demander au Ministère de la Justice de les désigner.

8°.—Si des procès de la catégorie ci-dessus indiquée surviennent dans les tribunaux de district, il y aura lieu de faire connaître par télégramme au Ministère de la Justice, en tout temps, la nationalité des parties.

9°.—Les procès entre ressortissants de Puissances ne jouissant pas des droits d'exterritorialité doivent être jugés promptement.

10°.—L'application de la loi étrangère doit être faite conformément au Règlement sur l'application des lois (du 5 août 1918). En cas de doute, il faut demander par télégramme au Ministère de la Justice des instructions sur l'application de la loi.

11°.—Si des difficultés surgissent dans l'instruction des procès concernant les ressortissants de Puissances non admises à l'exterritorialité, il conviendra de prendre les mesures préparatoires nécessaires et de télégraphier en tout temps au Ministère de la Justice.

Observations.—I.—En ce qui concerne les interprètes, les sujets Russes de Harbin font souvent observer que les interprètes existant auprès des tribunaux ne peuvent remplir leur tâche et ils désirent être autorisés à amener des interprètes à l'audience en vue de faciliter les choses. Le Ministère de la Justice estime qu'en raison du fait qu'il n'y a pas suffisamment d'interprètes dans les circonscriptions judiciaires spéciales des Provinces de l'Est, si les Russes veulent amener leurs propres interprètes et que celà ne soit pas impossible eu égard aux circonstances, leur demande doit être acceptée. Toutefois, la présence des interprètes amenés par les parties ne met pas obstacle à l'assistance des interprètes désignés par les tribunaux pour que ceux-ci puissent exercer leur contrôle (référence à l'ordonnance du 14 octobre 1921).

II.—Les décisions et tous autres actes des tribunaux doivent être rédigés en chinois, conformément aux prescriptions de la loi sur l'organisation judiciaire (du 10 mars 1912, art. 69). Actuellement, les documents émanés des juridictions instituées pour les Russes dans la zône spéciale doivent être rédigés en chinois, mais il est permis d'y annexer un exemplaire en russe. En cas de contradiction entre le sens du chinois et celui du russe, c'est le chinois qui fera foi. En outre les dispositifs des jugements rendus à l'égard des Russes doivent être traduits en russe par les tribunaux et cette traduction doit être jointe à la signification du jugement en vue de faciliter les choses. De plus, en matière pénale, les réquisitions du procureur, étant du plus grand intérêt pour l'inculpé, devront être traduites à l'audience pour que l'inculpé en soit informé (référence aux ordonnances du Ministère de la Justice, n°s 34, du 10 janvier, 1323, du 14 octobre et 185, du 26 février 1921).

IV

Règlement provisoire sur l'exercice auprès des tribunaux des avocats ressortissants de Puissances ne jouissant pas de la juridiction consulaire.

———

(Ordre n° 1186, du Ministère de la Justice, en date du 24 décembre 1920, modifié par l'ordre n° 155, en date du 25 février 1922).

———

Article Premier. — Tout ressortissant d'une Puissance ne jouissant pas de la juridiction consulaire, qui a exercé les fonctions de magistrat dans son pays d'origine, ou qui y a obtenu un certificat d'avocat et y a exercé cette profession, peut obtenir une licence d'avocat (en Chine) après avoir été l'objet d'une enquête et reconnu comme compétent pour être avocat par le Ministère de la Justice.

Toute personne qui fait une demande de licence d'avocat doit fournir au Ministère de la Justice, par l'intermédiaire du procureur près le tribunal supérieur, les preuves de sa qualification et tous autres documents nécessaires.

Art. 2.—Le ressortissant d'une Puissance ne jouissant pas de l'exterritorialité qui a obtenu la licence d'avocat prévue à l'article précédent, l'a fait enregistrer conformément à la loi et s'est fait inscrire à l'Association générale des avocats de Chine, sera admis à apparaître devant les tribunaux pour y exercer sa profession.

Art. 3.—L'exercice de la profession, pour un avocat ressortissant d'une Puissance ne jouissant pas de l'exterritorialité, est limité aux procès intéressant les ressortissants des dites Puissances et au titre de la représentation des dits ressortissants.

Art. 4.—En ce qui concerne les règlements qui doivent être observés par les avocats ressortissants de Puissances non admises à l'exterritorialité, le règlement provisoire revisé sur les avocats et tous autres règlements sont applicables dans les cas où il n'y est pas dérogé par le présent règlement.

Art. 5.—Le présent règlement n'est applicable qu'aux ressortissants de Puissances ne jouissant pas de l'exterritorialité. Les ressortissants jouissant de l'exterritorialité ne pourront en réclamer l'application.

Art. 6.—Le présent règlement entrera en vigueur du jour de sa promulgation.

V

Statistiques.

On a pu voir, par la Notice relative au jugement des affaires mixtes (1), les règles suivies en cette matière. Dans ces dernières années, le nombre des étrangers, bénéficiaires de la juridiction mixte, qui désirent s'adresser aux tribunaux chinois est allé en augmentant. Ceci démontre que les étrangers ont confiance dans les tribunaux chinois et atteste une tendance à la renonciation au droit de faire assister un observateur au débat. Cette tendance ressort des quatre tableaux suivants, qui donnent la statistique des affaires mixtes pénales et civiles, jugées par les différents tribunaux, pour les années 1923 et 1924.

(1) P. 2.

I. — Statistique des affaires pénales mixtes jugées par les différents tribunaux en 1923.

TRIBUNAUX	MOIS												TOTAUX
	Janvier	Février	Mars	Avril	Mai	Juin	Juillet	Août	Septembre	Octobre	Novembre	Décembre	
Tribunal de district de Pékin .	6	5	3	1	2	1	3	4	3	4	....	2	34
Tribunal supérieur du Chan-tong	....	1	....	....	....	....	....	....	....	....	....	....	1
Tribunal de district de Fou-chan, province de Chan-tong.	1	1	....	....	....	1	1	1	1	....	....	1	7
Tribunal de district de Ts'ing-tao, province de Chan-tong .	10	4	2	11	7	18	2	15	17	11	17	19	133
Tribunal de district de Tchang-tch'ouen, province de Ki-lin (Kirin)	....	....	....	....	....	....	....	....	....	....	....	....	1
Tribunal de district de Yen-ki, province de Ki-lin	....	....	....	1	....	....	....	....	....	....	....	....	1
Tribunal de district de Chang-hai, province de Kiang-sou .	....	....	....	....	....	....	....	1	2	1	1	....	5
Tribunal de district de Chen-yang, province de Fong-t'ien (Moukden)	....	3	....	....	....	3	2	....	....	2	....	....	10
Tribunal de district de Liao-yang, province de Fong-t'ien.	2	....	1	2	1	2	2	2	2	1	....	....	15
Tribunal de district de Ngan-tong, province de Fong-t'ien.	1	....	2	....	1	6	2	....	9	5	....	....	26
Tribunal de district de T'ie-ling, province de Fong-t'ien . .	4	1	2	4	1	2	....	1	2	1	....	....	18
Tribunal de district de Tsi-nan, province de Chan-tong. . .	....	....	....	....	....	....	....	1	....	....	....	....	1
Tribunal de district de Yong-kia, province de Tcho-kiang.	....	....	....	....	....	....	....	....	2	2	....	1	5
Tribunal de district de Fou-hien, province de Fong-t'ien	....	....	....	....	2	....	....	....	....	2	....	....	4
													Total général: 1923
TOTAUX ANNUELS. . .	24	15	11	19	14	33	12	25	38	29	18	23	261

II. — Statistique des affaires civiles mixtes jugées par les différents tribunaux en 1923.

TRIBUNAUX	MOIS												TOTAUX
	Janvier	Février	Mars	Avril	Mai	Juin	Juillet	Août	Septembre	Octobre	Novembre	Décembre	
Tribunal supérieur de Pékin .	..	..	..	1	..	..	1	..	..	1	..	..	3
Tribunal de district de Pékin .	..	1	..	6	1	2	..	1	..	..	..	3	14
Tribunal supérieur du Tche-li .	2	..	..	..	..	1	..	1	2	5	1	2	14
Tribunal de district de T'ien-tsin, province de Tche-li . .	1	4	8	1	1	1	3	3	2	3	..	2	29
Section du Tribunal de district de T'ien-tsin, province de Tche-li	..	..	..	..	1	..	1	..	..	1	..	..	3
Tribunal de district de Wan-ts'iuan, province de Tche-li .	1	..	1	1	..	..	..	..	..	1	1	..	5
Tribunal supérieur du Fong-t'ien	1	1	3	3	2	1	..	4	3	..	2	2	22
Tribunal de district de Chen-yang, province de Fong-t'ien	5	4	6	4	5	7	6	7	11	6	9	5	75
Tribunal de district de Liao-yang, province de Fong-t'ien.	..	..	..	..	..	..	1	2	..	1	3	4	11
Tribunal de district de Ngan-tong, province de Fong-t'ien	..	1	..	2	1	..	1	1	1	1	..	1	9
Tribunal de district de Kin-hien, province de Fong-t'ien	1	..	1	..	..	..	..	..	..	..	1	..	3
Tribunal de district de T'ie-ling, province de Fong-t'ien .	..	..	2	..	3	1	..	1	1	1	..	..	9
Tribunal de district de Liao-ngan, province de Fong-t'ien	..	..	3	..	..	..	..	..	1	..	..	..	4
Tribunal de district de Fou-hien, province de Fong-t'ien	..	..	..	..	1	1	..	..	..	..	..	3	5
Tribunal supérieur du Ki-lin .	1	..	..	..	..	..	..	..	..	..	..	..	1
Tribunal de district de Ki-lin, province de Ki-lin	1	1	..	..	..	2	1	2	1	1	1	..	10
Tribunal de district de Tchang-tch'ouen, province de Ki-lin.	1	1	..	..	3	3	2	1	1	..	2	2	16
Tribunal de district de Yen-ki, province de Ki-lin	..	..	..	..	..	..	..	..	..	1	..	..	1
Tribunal supérieur du Kiang-sou	..	..	..	..	..	..	2	..	..	..	..	..	2
Tribunal de district de Wou-hien, province de Kiang-sou	1	..	..	..	..	..	..	..	..	..	..	..	1
Tribunal de district de Chang-hai, province de Kiang-sou .	10	2	1	3	1	1	1	2	1	3	2	..	27
Tribunal de district de Tan-t'ou, province de Kiang-sou .	..	..	1	1	..	1	1	2	..	1	..	..	7
Tribunal de district de Yong-kia, province de Tche-kiang.	..	..	..	..	..	..	..	..	..	..	2	..	2
Tribunal de district de Wou-t'chang, province de Hou-pei	..	..	1	..	..	..	..	..	..	..	..	..	1
Tribunal de district de Hia-keou, province de Hou-pei .	2	5	5	4	3	2	4	4	1	..	3	2	35
Tribunal supérieur du Chan-tong	..	..	..	..	..	..	1	..	1	..	1	..	3
Tribunal de district de Tsi-nan, province de Chan-tong	1	..	2	1	1	3	..	1	2	1	..	1	13
Tribunal de district de Ts'ing-tao, province de Chan-tong .	..	2	3	5	10	8	2	4	4	2	5	4	49
													Total général: 1923
TOTAUX ANNUELS. . .	28	22	37	32	33	34	27	36	32	29	33	31	374

III. — Statistique des affaires pénales mixtes jugées par les différents tribunaux en 1924.

TRIBUNAUX	MOIS												TOTAUX
	Janvier	Février	Mars	Avril	Mai	Juin	Juillet	Août	Septembre	Octobre	Novembre	Décembre	
Tribunal de district de Pékin .	5	2	1	5	4	1	—	3	1	6	1	7	36
Section du tribunal de district de T'ien-tsin, province de Tche-li	—	—	—	—	1	—	—	—	—	—	—	—	1
Tribunal de district de Chen-yang, province de Fong-t'ien.	—	2	2	3	3	1	—	2	1	—	—	—	14
Tribunal de district de Liao-yang, province de Fong-t'ien.	1	—	2	1	2	1	6	2	4	3	6	—	28
Tribunal de district de Ngan-tong, province de Fong-t'ien.	—	—	3	3	7	8	8	3	2	1	3	—	38
Tribunal de district de T'ie-ling, province de Fong-t'ien . .	—	6	6	7	2	1	3	4	4	3	1	3	40
Tribunal de district de Fou-hien, province de Fong-t'ien	—	—	—	—	—	—	—	2	2	—	—	—	4
Tribunal de district de Tchang-tch'ouen, province de Ki-lin .	—	—	—	—	—	—	—	—	1	—	—	—	1
Tribunal de district de Fou-chan, province de Chan-tong.	1	1	1	—	—	2	1	—	1	—	—	—	7
Tribunal de district de Ts'ing-tao, province de Chan-tong .	15	12	19	17	5	23	16	19	14	8	6	4	158
Section du tribunal de district de T'sing-tao, province de Chan-tong.	4	3	—	3	2	2	4	1	1	5	—	1	26
Tribunal de district de Chang-hai, province de Kiang-sou .	1	3	1	6	9	7	9	6	—	—	2	—	44
Tribunal de district de Wou-hien, province de Kiang-sou.	—	—	—	—	1	—	—	—	—	—	1	—	2
Tribunal de district de Wou-hou, province de Ngan-houei.	1	—	—	—	—	—	—	—	—	—	—	—	1
Section du tribunal de district de Chen-yang, province de Fong-t'ien	—	—	—	—	—	—	2	10	6	5	2	2	27
													Total général: 1924
TOTAUX ANNUELS. . .	28	29	33	46	35	47	44	56	35	32	19	23	427

IV. — Statistique des affaires civiles mixtes jugées par les différents tribunaux en 1924.

TRIBUNAUX	MOIS												TOTAUX
	Janvier	Février	Mars	Avril	Mai	Juin	Juillet	Août	Septembre	Octobre	Novembre	Décembre	
Tribunal supérieur de Pékin .	..	..	..	1	..	..	3	2	1	..	..	2	9
Tribunal de district de Pékin .	2	2	4	3	5	2	2	1	..	6	..	5	32
Tribunal supérieur du Tche-li .	2	..	..	..	2	..	2	..	..	1	..	..	7
Tribunal de district de T'ien-tsin, province de Tche-li . .	1	4	2	2	3	3	3	3	3	4	..	..	28
Section du tribunal de district de T'ien-tsin, province de Tche-li	..	..	..	..	..	..	..	1	..	1	..	..	2
Tribunal de district de Wan-ts'iuan, province de Tche-li .	..	..	..	1	..	..	..	..	1	..	..	..	2
Tribunal supérieur du Fong-t'ien	5	1	1	..	3	3	1	1	2	1	2	2	20
Tribunal de district de Chen-yang, province de Fong-t'ien	2	2	1	11	2	1	4	12	5	4	4	..	48
Section de Fou-hien du tribunal de district de Chen-yang, province de Fong-t'ien . .	..	..	..	..	..	..	5	8	8	5	4	9	39
Tribunal de district de Liao-yang, province de Fong-t'ien.	1	..	2	..	..	1	2	..	..	1	..	..	7
Tribunal de district de Ngan-tong, province de Fong-t'ien	..	..	1	..	1	..	1	..	..	..	1	..	4
Tribunal de district de Kin-hien, province de Fong-t'ien	1	..	..	..	..	..	..	..	1	..	..	..	2
Tribunal de district de T'ie-ling, province de Fong-t'ien .	1	..	1	..	..	..	..	..	..	..	..	1	3
Tribunal de district de Fou-hien, province de Fong-t'ien.	..	..	..	1	..	..	..	..	..	..	..	1	2
Tribunal de district de Ki-lin, province de Ki-lin	1	1	..	1	1	..	1	1	..	..	1	..	7
Tribunal de district de Tchang-tch'ouen, province de Ki-lin.	3	..	1	2	..	1	..	1	3	..	2	..	13
Tribunal de district de Chang-hai, province de Kiang-sou .	1	2	3	1	2	1	4	..	2	3	2	3	24
Tribunal de district de Wou-hien, province de Kiang-sou	..	..	..	..	1	1	..	..	..	..	..	..	2
Tribunal de district de Wou-nou, province de Ngan-houei	..	..	..	..	..	..	..	..	1	..	..	..	1
Tribunal de district de Kieou-kiang, province du Kiang-si .	..	1	..	..	..	..	..	..	..	..	..	..	1
Tribunal de district de Hia-keou, province de Hou-pei .	2	..	1	1	..	..	1	1	1	2	4	1	14
Tribunal supérieur du Chan-tong	..	..	1	2	..	2	1	..	..	..	1	..	7
Tribunal de district de Tsi-nan, province de Chan-tong	1	..	..	1	1	..	1	..	..	..	..	..	4
Tribunal de district de Ts'ing-tao, province de Chan-tong .	1	2	4	10	..	2	1	1	1	3	..	..	25
Section du tribunal de district de Tsi-nan, province de Chan-tong	..	..	..	..	..	..	..	1	1	..	..	2	4
													Total général: 1924
TOTAUX ANNUELS. . .	22	15	22	37	21	17	32	33	30	31	21	26	307

Les deux tableaux suivants (V et VI) concernent des jugements rendus, de Janvier 1924 à Juin 1925, en matière pénale et civile, dans des affaires mettant en cause des ressortissants de Puissances qui ne jouissent pas de la juridiction consulaire.

Ces tableaux ont été établis d'après les statistiques adressées au Ministère de la Justice par les divers tribunaux. Les noms des parties de nationalité étrangère sont des transcriptions *anglaises* des équivalents phonétiques chinois de ces noms, les noms étrangers originaux n'ayant pu être rassemblés en vue de la présente publication, faute de temps et en raison de l'éloignement de certains tribunaux. Pour la commodité des références, les caractères employés pour la transcription chinoise sont donnés entre ( ).

V.—Statistiques des Jugements rendus par les différents Tribunaux dans les Affaires pénales concernant les Sujets de Puissances qui ne jouissent pas de la Juridiction consulaire.

(Janvier 1924 — Juin 1925)

Tribunaux	Nature des affaires	Date de recevabilité des actions	Date des jugements	Résultats	Observations
Tribunal de district de Pékin.	Chigore (車葛爾), sujet russe. *Escroquerie.*	14 Janvier 1924	22 Janvier 1924	Acquittement, faute de preuves.	
— d° —	Meyer (美樂), sujet allemand, c. La-Chi-San. (那繼善). *Vol.*	9 Janvier 1924	11 Février 1924	4 mois d'emprisonnement du 5ème degré (art. 367, C. pén. prov.).	
— d° —	Kachalikiu (嘎喳里九), sujet russe. *Blessures par imprudence.*	8 Janvier 1924	23 Février 1924	Amende de 8 *yuan* (art. 328, § 3, C pén. prov.).	
— d° —	Kulokoptzk (普羅闊布赤克), sujet polonais. *Vol.*	2 Février 1924	5 Mars 1924	4 mois d'emprisonnement du 5ème degré, privation à vie des droits civiques (art. 368, et 380, C. pén. prov.).	
— d° —	Waslin (瓦斯鑾) sujet russe, c. Shen-Ching-Pao (沈金保). *Abus de confiance.*	11 Février 1924	8 Mars 1924	Double condamnation à 2 mois d'emprisonnement du 5ème degré; condamnation exécutoire pendant 3 mois (art. 397, 54 et 33, C. pén. prov.).	

Tribunaux	Nature des affaires	Date de recevabilité des actions	Date des jugements	Résultats	Observations
Tribunal de district de Pékin.	Isaitzlivitch (賽喇列維持), sujet russe. *Concours de vols.*	7 Avril 1924	15 Avril 1924	Double condamnation à 2 mois d'emprisonnement du 5e degré; condamnation exécutoire pendant trois mois (art. 367 et 23, C. pén. prov.).	
— d° —	Tzimivanlai (吉米往來), sujet russe, c. King-Shih-Tui (金四禿). *Vol.*	24 Mai 1924	29 Mai 1924	20 jours de détention (art. 367 et 54, C. pén. prov.).	
— d° —	Kao-Heng (高恆), sujet arabe. *Abus de confiance.*	21 Mai 1924	29 Juin 1924	2 mois d'emprisonnement du 5e degré (art. 391, C. pén. prov.).	
— d° —	Luntzmann (盛慈發), sujet allemand, c. Chen-Keh-Hwa (陳克華). *Vol.*	10 Mai 1924	11 Mai 1924	2 mois d'emprisonnement du 5e degré (art. 367, C. pén. prov.).	
— d° —	Ho-Tai-Hwa (何華泰), sujet hongrois, c. Hai-Yu-Shan (郝玉山). *Vol de bicyclette.*	19 Juin 1924	30 Juin 1924	20 jours de détention (art. 367 et 54, C. pén. prov.).	
— d° —	Kerlemaishef (喀拉梅世夫), sujet russe. *Escroquerie.*	28 Juin 1924	11 Août 1924	Amende de 300 *yuan* (art. 383, C. pén. prov.).	
— d° —	The Engineering Department of the German Asiatik Bank, (德華銀行工程處), c. Yu-Cheng-Hai (于振海), Peh-Yu-Shan (白玉山) et autres. *Vol.*	6 Août 1924	11 Août 1924	10 jours de détention pour Yu-Cheng-Hai et Peh-Yu-Shan (art. 367, C. pén. prov.).	

Tribunaux	Nature des affaires	Date de recevabilité des actions	Date des jugements	Résultats	Observations
Tribunal de district de Pékin.	The Managing Department of the Russian Legation Quarter (俄使館界事務所), c. Tzu-Teh-Lin (崔德林). *Vol.*	18 Août 1924	20 Août 1924	20 jours de détention (art. 367 et 54, C. pén. prov.).	
— d° —	Hôpital allemand (德國醫院), c. Kiang-Kuo-Tzu (江國柱). *Vol.*	1er Sept. 1924	8 Septembre 1924	4 mois d'emprisonnement du 5e degré, privation à vie des droits civiques (art. 368, 54 et 380, C. pén. prov.).	
— d° —	Haylulin (哈伊路林), sujet russe. *Coups et blessures.*	26 Sept. 1924	4 Octobre 1924	7 jours de détention (art. 313, 53, et 54, C. pén. prov.).	
— d° —	Sudakorf (蘇達闊夫), c. Lui-Nan-Fang (劉蘭夫). *Manque à donner à son travail l'attention nécessaire* (plusieurs infractions).	18 Février 1925	4 Mars 1925	2 ans d'emprisonnement du 4e degré, double amende de 200 *yuan*; condamnation d'emprisonnement exécutoire pendant deux ans, payement de 300 *yuan* d'amende (art. 326 et 23, C. pén. prov.).	
— d° —	Pakuanski (巴官思克), sujet polonais. *Vol.*	21 Mars 1925	31 Mars 1925	Acquittement, faute de preuves.	
— d° —	Koriaszopolisk (克拉斯克波利斯克), sujet russe. *Vol.*	12 Mai 1925	25 Mai 1925	2 mois d'emprisonnement du 5e degré, privation à vie des droits civiques (art. 368, 54, 380, C. pén. prov.).	
Tribunal supérieur du Tche-li.	Junk (容克), sujet allemand. *Manque à donner à son travail l'attention nécessaire* (ayant causé une mort).	16 Janvier 1924	12 Mai 1924	Amende de 1000 *yuan* (art. 368, C. pén. prov.).	

Tribunaux	Nature des affaires	Date de recevabilité des actions	Date des jugements	Résultats	Observations
Tribunal supérieur du Tche-li.	Diniyaff (狄尼也夫), sujet russe. *Trafic de morphine.*	17 Avril 1924	5 Juin 1924	Appel rejeté.	
— d° —	Iliana (伊列阿那), sujet russe. *Attentat contre les bonnes moeurs.*	14 Mai 1924	19 Juin 1924	Acquittement; mise à néant de la condamnation prononcée en première instance.	
— d° —	Schimidt (石密德), sujet allemand. *Manque à donner à son travail l'attention nécessaire* (ayant causé une mort).	22 Février 1924	29 Juin 1924	Appel rejeté.	
— d° —	Alex Kakoff (開思夫阿列克斜), sujet russe. *Appel en matière de brigandage.*	18 Avril 1924	30 Juillet 1924	Appel rejeté. V. le jugement rendu par le tribunal de 1ère instance et la condamnation.	
— d° —	Schultz (树留文), sujet russe. *Appel en matière de brigandage.*	7 Juillet 1924	30 Juillet 1924	Appel rejeté. V. le jugement rendu par le tribunal de 1ère instance et la condamnation.	
— d° —	Nifftsk (品夫斯克), sujet russe. *Brigandage et homicide.*	19 Avril 1924	3 Novembre 1924	Appel rejeté; confirmation de la déclaration d'exécution de la condamnation à l'emprisonnement à perpétuité prononcée par le jugement original.	
— d° —	Nifftsk (品夫斯克), sujet russe. *Brigandage et homicide.*	19 Avril 1924	29 Nov. 1924	Emprisonnement à perpétuité, privation à vie des droits civiques (art. 376, 24 et 23 C. pén. prov.) Condamnation exécutoire concuremment avec une condamnation antérieure à 4 mois d'emprisonnement pour évasion.	

Tribunaux	Nature des affaires	Date de recevabilité des actions	Date des jugements	Résultats	Observations
Tribunal de district de T'ien-tsin, province de Tche-li.	Nicolin Ansilovitch (安温婁匹你古林), sujet russe. *Evasion.*	23 Janvier 1924	31 Janvier 1924	3 ans d'emprisonnement du 3ème degré (art. 169, C. pén. prov.)	
— d° —	Daplensmitoff (逵不冷次米透夫), sujet russe. *Tentative de vol.*	2 Mars 1924	7 Mars 1924	Détention de 20 jours (art. 367 et 17, C. pén. prov.)	
— d° —	Palun (巴倫), sujet russe, c. Liang-Kong-Min (梁康敏), et Yu-Kung-Kiang (于孔江). *Coups et blessures.*	9 Mars 1924	17 Mars 1924	Détention de 3 jours pour chacun des accusés (art. 54 et 313, 3ème §, C. pén. prov). Exécution de la condamnation suspendue pour 3 ans (art. 63).	
— d° —	Shiyilken (石亦爾根), sujet russe. *Vol.*	5 Mars 1924	20 Mars 1924	3 mois d'emprisonnement du 5ème degré, privation à vie des droits militaires (art. 368, 54, 380, C. pén. prov.)	
— d° —	Kelinmoff (葛連莫夫, Griminoff (葛力來諾夫), et autres, sujets russes. *Vol.*	4 Mars 1924	20 Mars 1924	Kelinmoff et Griminoff, 2 mois d'emprisonnement du 5ème degré et privation à vie des droits civiques; Gendritck (琴特列次克), un an d'emprisonnement du 4ème degré et privation à vie des droits civiques (art. 368, 54, 380, C. pén. prov.)	
— d° —	Chikoloff (吉闊洛夫), sujet russe. *Vol.*	18 Mars 1924	20 Mars 1924	Détention de 20 jours et privation à vie des droits militaires (art. 368, 54, 380, C. pén. prov.)	

Tribunaux	Nature des affaires	Date de recevabilité des actions	Date des jugements	Résultats	Observations
Tribunal de district de T'ien-tsin.	Ukoff (乂克夫), sujet russe. *Vol.*	18 Mars 1924	30 Mars 1924	2 mois d'emprisonnement du 5ème degré, privation à vie des droits militaires (art. 368, 54, 380, C. pén. prov.).	
— d° —	Nach'un (那純), et autres, sujets russes. *Concours de trois vols.*	25 Février 1924	10 Avril 1924	Nach'un, Ivanoff (萬諾夫) et Maximoff (麥克錫木夫), chacun deux mois d'emprisennement du 5ème degré pour chaque vol et privation à vie des droits civiques. (art. 368, 54, 380, C. pén. prov.) Condamnation à l'emprisonnement exécutoire pendant 6 mois et 10 jours (art. 23).	
— d° —	Ritsantsoff (列站左夫), et autres, sujets russes. *Coups et blessures; adultère.*	1er Avril 1924	10 Avril 1924	Ritsantsoff (列站左夫), 2 mois d'emprisonnement du 5ème degré (art 313, § 3, C. pén. prov.) Iliana (伊列阿那), 2 mois d'emprisonnement du 5ème degré (art. 289, C. pén prov).	
— d° —	Nabalaff (把那拉夫), sujet russe. *Manque à donner à son travail l'attention nécessaire* (ayant causé une mort).	30 Mars 1924	16 Avril 1924	10 mois d'emprisonnement du 5ème degré (art. 326, C. pén. prov.)	
— d° —	Nifftsk (孤夫斯克), et autres, sujets russes. *Vol.*	16 Octobre 1924	8 Mars 1924	Appel rejeté.	

Tribunaux	Nature des affaires	Date de recevabilité des actions	Date des jugements	Résultats	Observations
Tribunal de district de T'ien-tsin.	Alexander Mihaniffsk (阿利山得米海), Nifftsk et autres, sujets russes. *Concours de brigandages.*	21 Février 1924	21 Mars 1924	Alexander Mihaniffsk (Niffsk), emprisonnement à perpétuité et privation à vie des droits civiques. Condamnation distincte à 4 ans d'emprisonnement du 3ème degré (art. 376, 380, 269 et 23, C. pén. prov.); l'emprisonnement à perpétuité et la privation à vie des droits civiques étant les seules peines déclarées exécutoires. Alexiakovitch Kakoff (Kakoff), (阿利謝過維 吃開閣夫), 12 ans d'emprisonnement du 1er degré et privation à vie des droits civiques (mêmes articles); peine d'emprisonnement diminuée d'un degré par application de l'art. 54 du C. pén. prov.; condamnation distincte à 4 ans d'emprisonnement du 3ème degré. Total des condamnations déclarées exécutoires : emprisonnement pendant 14 ans et privation à vie des droits civiques.	
— d° —	Diniyaff (狄尼也夫), sujet russe. *Trafic de morphine.*	1er Mars 1924	28 Mars 1924	3 ans d'emprisonnement du 3ème degré et amende de 400 *yuan* (art. 1er de la loi révisée du 31 décembre 1914 sur la répression du trafic de la morphine).	
— d° —	Kwei-Chin-Chuan (陸金川), *Coups* portés à Aroktek (阿陸谷斯克), sujet russe, *ayant entraîné la mort* de ce dernier.	8 Janvier 1924	31 Mars 1925	Absence d'infraction, conformément à l'art. 12 du C. pén. prov.	

Tribunaux	Nature des affaires	Date de recevabilité des actions	Date des jugements	Résultats	Observations
Tribunal de district de T'ien-tsin.	Tsepoyiff (賊伯一夫) et autres, sujets russes. *Concours de brigandages.*	16 Avril 1924	2 Juin 1924	Tsepoyiff, double condamnation à 5 ans d'emprisonnement du 2ème degré et privation à vie des droits civiques (art. 374, 373, 379, 17, 380, 23, C. pén. prov.); les condamnations déclarées exécutoires étant 5 ans et 6 mois d'emprisonnement et la privation à vie des droits civiques. Schultz (樹爾次康) et Kotsnitsoff (次尼左夫), double condamnation à 3 ans d'emprisonnement du 3ème degré et privation à vie des droits civiques; les condamnations déclarées exécutoires étant 3 ans et 6 mois d'emprisonnement et la privation à vie des droits civiques.	
— d° —	Bakoff (貝闊夫), sujet russe. *Vol.*	23 Juillet 1924	31 Juillet 1924	2 mois d'emprisonnement du 5ème degré, privation à vie des droits civiques (art. 368, 54, 380, C. pén. prov.).	
— d° —	Taipier (台片兒), sujet russe. *Coups et blessures légères*	10 Février 1924	16 Déc. 1924	Détention de 5 jours (art. 313, 3ème par., et 54, C. pén. prov.).	
— d° —	Wasli Erimiyevitch (瓦色利依列米亦維赤), sujet russe. *Vol.*	29 Déc. 1924	31 Déc. 1924	2 mois d'emprisonnement du 5ème degré, privation à vie des droits civiques (art. 368, 54, 380, C. pén. prov.).	
— d° —	Poliobarajansky (普利沃拔拉群斯基), sujet russe. *Fabrication de fausse monnaie.*	8 Décembre 1924	10 Janvier 1925	Fin de non-recevoir.	

Tribunaux	Nature des affaires	Date de recevabilité des actions	Date des jugements	Résultats	Observations
Tribunal de district de T'ien-tsin.	Chilivitch (慈利維曲) et autres, sujets russes *Vol.*	11 Nov. 1924	12 Janvier 1925	Fin de non-recevoir.	
— d° —	Nifftsk (岳夫斯克), sujet russe. *Tentative d'évasion.*	13 Février 1925	19 Février 1925	2 mois d'emprisonnement du 5ème degré (art. 169, 17, C. pén. prov.).	
— d° —	Asdapoff (阿司達伯夫) et autres, sujets russes. *Vol.*	10 Février 1925	18 Février 1925	Asdapoff et Barachivinoff (達伯拉起威達夫), détention de 8 jours chacun (art. 367, 54 C. pén. prov.).	
— d° —	Pofloffskopenpin (伯夫諾夫司克本賓), sujet russe. *Tentative de vol.*	16 Février 1925	19 Février 1925	2 mois d'emprisonnement du 5ème degré, privation à vie des droits civiques (art. 368, 379, 17, 380, C. pén prov.).	
Section du tribunal de district de T'ien-tsin.	Nifftsk (岳斯夫克), sujet russe. *Escroquerie.*	13 Mai 1924	24 Mai 1924	3 mois d'emprisonnement du 5ème degré (art. 383, 17, 388, C. pén. prov.).	
— d° —	Liupin 流濱) et autres, sujets russes. *Escroquerie.*	24 Mars 1924	5 Janvier 1925	Liupin et Kokoff (郭之少夫), acquittement, faute de preuves.	
— d° —	Ivanoff (義萬那夫), sujet russe. *Vol.*	28 Octobre 1924	1er Nov. 1924	2 mois d'emprisonnement du 5ème degré (art. 367, C. pén. prov.).	
— d° —	Grimoff (葛力毛夫), sujet russe. *Vol.*	18 Nov. 1924	18 Nov. 1924	2 mois d'emprisonnement du 5ème degré (art. 367, C. pén. prov.).	

Tribunaux	Nature des affaires	Date de recevabilité des actions	Date des jugements	Résultats	Observations
Tribunal de district de Wan-ts'iuan (Province de Tche-li).	Luchs (留克司), sujet russe. *Blessures légères.*	1er Nov. 1924	3 Novembre 1924	3 mois d'emprisonnement du 5ème degré (art. 313, §3, C. pén. prov.); suspension de l'exécution pendant trois ans (art. 63, C. pén. prov.).	
— d° —	Sprikaia (士不列街等), et autres, sujets russes. *Coups et blessures.*	9 Janvier 1924	15 Janvier 1924	Non-lieu.	
— d° —	Pussilin (布昔介), sujet russe. *Manque à donner à son travail l'attention nécessaire* (ayant causé des blessures).	3 Février 1924	14 Février 1924	Amende de 60 *yuan* (art. 326, C. pén. prov.).	
Tribunal supérieur du Chan-tong.	Tu-hah (都哈) et Sa-Sze-Pah-Koo (紫四拜哥), sujets polonais. *Mise en circulation de fausse monnaie.*	24 Mars 1925	2 Mai 1925	Tu-Hah, amende de 50 *yuan* (art. 234, C. pén. prov.); Sa-Sze-Pah-Koo, déclaré non coupable.	
Tribunal de district de Tsi-nan (Province de Chan-tong).	San-dan (睢代), sujet russe. *Importation de revolvers et de cartouches.*	19 Déc. 1923	27 Déc. 1923	10 mois d'emprisonnement du 5ème degré (art. 205, C. pén. prov.).	
Tribunal de district de Fou-chan (Province de Chan-tong).	An-Szes et C° (盎斯洋行), société allemande, c. Chiang-Feng-San (姜凤三). *Vol.*	19 Août 1924	19 Août 1924	2 mois d'emprisonnement du 5ème degré (art. 367, C pén. prov.).	

Tribunaux	Nature des affaires	Date de recevabilité des actions	Date des jugements	Résultats	Observations
Tribunal de district de Ts'ing-tao (Province de Chan-tong).	Pa-do-gw-way (卜達葛威), sujet russe. *Concours de vols.*	29 Avril 1924	9 Mai 1924	Double condamnation à 2 mois d'emprisonnement du 5ème degré; condamnation exécutoire pendant 3 mois (art. 23 et 367, C. pén. prov.).	
— d° —	Ba-to-mi-hay (巴吐米海), sujet russe. *Concours de vols.*	6 Juillet 1924	16 Juillet 1924	Triple condamnation à 2 mois d'emprisonnement du 5ème degré; privation à vie des droits civiques; condamnation exécutoire pendant 2 mois et 10 jours d'emprisonnement, en outre de la privation à vie des droits civiques (art. 23, 54, 368 et 380, C. pén. prov.).	
— d° —	Chow-Chang-Sun (周長勝), sujet chinois. *Concours de vols* commis au détriment de Russes dont les noms sont inconnus.	1er Août 1924	6 Août 1924	Condamnation à 3 mois d'emprisonnement du 5ème degré; condamnation exécutoire pendant 3 mois et 10 jours d'emprisonnement (art. 25 et 367, C. pén. prov.).	
— d° —	Al-sa-se-geh (焚爾愿思格), sujet polonais. *Coups et blessures.*	26 Juillet 1924	7 Août 1924	10 jours de détention (art. 313 §3, et art. 54, C. pén. prov.).	
— d° —	Maowenmomahyah (毛文士等), et autres, sujets chinois, c. Ausehamomahyah (焚斯哈木馬雅). *Concours d'escroqueries.*	29 Août 1924	9 Sept. 1924	Double condamnation à 2 mois d'emprisonnement du 5ème degré; condamnation exécutoire pendant 2 mois et 15 jours (art. 23 et 382, C. pén. prov.).	
— d° —	Hu-fu-mann (侯福曼), sujet allemand et Wang ssù-ssù (王思思). *Détention d'objets dangereux; blessures.*	27 Octobre 1924	15 Nov. 1924	Hu-fu-mann, amende de 30 *yuan* (art. 205 C. pén. prov.). — Wang ssù-ssù, double condamnation à 20 jours de détention (art. 54 et 169, art. 313, §3, C. pén. prov.); condamnation exécutoire pendant 22 jours de détention (art. 23, C. pén. prov.).	

Tribunaux	Nature des affaires	Date de recevabilité des actions	Date des jugements	Résultats	Observations
Tribunal de district de Ts'ing-tao (Province de Chan-tong).	Stan-ley (斯丹禮), sujet polonais. *Blessures par imprudence.*	10 Nov. 1924	24 Nov. 1924	Amende de 40 *yuan* (art. 324, § 2, C. pén. prov.).	
— d° —	Man-te-les (滿得祿斯), et autres, sujets russes. *Escroquerie par mise en circulation d'effets de commerce falsifiés.*	5 Janvier 1925	14 Janvier 1925	Non lieu.	
— d —	Tu-hah (都哈), et Sa-sze-pah-Koo (薩四拜哥), sujets polonais. *Mise en circulation de fausse monnaie.*	9 Février 1925	28 Février 1925	Chacun des inculpés est condamné à un an d'emprisonnement du 4ème degré (art. 54, art 232, § 2, C. pén. prov.).	
— d° —	Yan-fi-ken-er (楊非根哥), sujet russe *Coups et blessures.*	10 Février 1925	29 Février 1925	10 jours de détention (art. 54, art. 313, §3, C. pén. prov.).	
Tribunal de district de Chen-yang (Province de Fong-t'ien).	Ki-mos-kof, (結莫斯果夫) sujet russe. *Pénétration sans excuse légitime dans une maison d'habitation.*	1er Février 1924	6 Février 1924	30 jours de détention (art. 225, C. pén. prov.).	
— d° —	Ivanoff (伊萬諾夫), sujet russe. *Blessures par imprudence.*	11 Février 1924	21 Février 1924	Amende de 200 *yuan* (art. 326, C. pén. prov.).	

Tribunaux	Nature des affaires	Date de recevabilité des actions	Date des jugements	Résultats	Observations
Tribunal de district de Chen-yang (Province de Fong-t'ien.)	Do-ri-sin-er (多利信爾), sujet polonais, c. Huh-Teh-San (侯德山), sujet chinois. *Blessures par imprudence.*	16 Avril 1924	17 Avril 1924	2 mois d'emprisonnement du 5ème degré (art. 313, §3, C. pén. prov.).	
— d° —	Tsur-keher (車格爾), sujet russe. *Vol.*	1er Août 1924	9 Août 1924	Acquittement.	
— d° —	Sloyah (施樂雅), sujet allemand. *Violences ayant entraîné la mort.*	17 Juin 1924	28 Juin 1924	7 ans d'emprisonnement du second degré (art. 313, § 1er, C. pén. prov.).	
— d° —	Vihaitiloff (維海跌落夫), sujet russe. *Coups et blessures.*	1er Sept. 1924	16 Sept. 1924	2 mois d'emprisonnement du 5ème degré (art. 313, § 3, C. pén. prov.).	
— d° —	Kbililkdikpo (澗別利爾克迪克), et Sophimanosoff (索非馬諾索夫), sujets russes. *Coups et blessures.*	26 Nov. 1924	29 Nov. 1924	Kbililkdikpo, 2 mois d'emprisonnement du 5ème degré (art. 313, § 3, C. pén. prov.); suspension de l'exécution pendant 3 ans (art. 63, C. pén. prov.) ; Sophimanosoff, acquittement.	

Tribunaux	Nature des affaires	Date de recevabilité des actions	Date des jugements	Résultats	Observations
Tribunal de district de Tchang-tch'ouen (Province de Ki-lin (Kirin).	Buranoff (部拉奴夫), et autres, sujets russes. *Concours de vols.*	27 Mai 1924	11 Juillet 1924	Buranoff, triple condamnation à 5 mois d'emprisonnement du 5ème degré; privation à vie des droits civiques: condamnation d'emprisonnement exécutoire pendant 8 mois (art. 368, 54, 380 et 23, C. pén. prov.). Jvahudodokan (潑黑多多光), quadruple condamnation à 5 mois d'emprisonnement du 5ème degré; privation à vie des droits civiques; condamnation d'emprisonnement exécutoire pendant 2 mois (mêmes art.). Rospin (盧斯聘), double condamnation à 5 mois d'emprisonnement du 5ème degré, privation à vie des droits civiques; condamnation d'emprisonnement exécutoire pendant 6 mois (mêmes articles) — Lokof (盧科夫), et Schrask (書拉斯克, condamnation à 5 mois d'emprisonnement du 5ème degré, privation à vie des droits civiques.	
— d° —	Yukoff (由國夫), sujet russe, c. Chang Chiu Hai (張酒海). *Concours de vols.*	8 Juillet 1924	11 Juillet 1924	Double condamnation à 2 et 6 mois d'emprisonnement du 5ème degré, privation à vie des droits civiques; condamnation d'emprisonnement exécutoire pendant 7 mois (art. 368, 379, 17, 380 et 23, C. pén. prov.; 5 de la loi revisée sur la répression des infractions se rapportant à la morphine).	
— d° —	Sokaïff (索格伊夫), sujet russe. *Tentative de meurtre.*	2 Août 1924	9 Août 1924	2 ans d'emprisonnement du 4ème degré (art. 311, 327, 17 et 54, C. pén. prov.).	

Tribunaux	Nature des affaires	Date de recevabilité des actions	Date des jugements	Résultats	Observations
Tribunal de district de Tchang-tch'ouen (Province de Ki-lin (Kirin).	Sendarofs (申大雞夫斯茲), sujet russe. *Trafic d'opium.*	17 Octobre 1924	3 Nov. 1924	10 mois d'emprisonnement du 5ème degré, amende de 300 *yuan* (art. 266, C. pén. prov.).	
— d° —	Nikolanikin (尼古來尼金), et autres, sujets russes. *Homicide.*	10 Janvier 1925	10 Février 1925	Nikolanikin, 14 ans d'emprisonnement du 1er degré, privation des droits civiques pendant 20 ans (art. 311 et 331, C. pén. prov.). Buraguoff (不拉啟夫), 10 ans d'emprisonnement du 1er degré privation des droits civiques pendant 15 ans (mêmes art.)	
Tribunal supérieur du Ho-nan.	Husihuka (胡先賀嘉), sujet turc, et Chang Hai Ping (張海賓). *Importation et trafic d'héroïne et autres délits.*	27 Avril 1924	21 Mai 1924	Infirmation du jugement originaire rendu contre Husihuka, à l'exception de la disposition visant les délits principaux et accessoires de détention d'armes de guerre.—Husihuka, 5 mois d'emprisonnement du 5ème degré, amende de 50 *yuan* et 2 mois d'emprisonnement du 5ème degré pour détention d'armes de guerre (cette dernière condamnation prononcée par le jugement originaire); condamnations exécutoires : 6 mois d'emprisonnement et 50 *yuan* d'amende (art. 1er de la loi revisée sur la répression des infractions se rapportant à la morphine ; art. 269, 26 et 54, C. pén. prov.). Chang Hai-Ping, 3 mois d'emprisonnement du 5ème degré et amende de 5 *yuan* (mêmes articles).	

Tribunaux	Nature des affaires	Date de recevabilité des actions	Date des jugements	Résultats	Observations
Tribunal supérieur du Kiang-sou.	Cleinin (克乃林), sujet tchèque, et autres. *Brigandage.*	4 Avril 1924	31 Mai 1924	Cleinin, Masimo (麥西木) et Yavof (樂華夫), 1 an d'emprisonnement du 4ème degré, privation à vie du droit d'être président, professeur ou administrateur dans une école.	
— d° —	Angeleyas (安格里亞斯), sujet russe. *Trafic d'opium.*	21 Juin 1924	30 Juin 1924	Appel rejeté. (Aux termes du jugement originaire, 3 mois d'emprisonnement du 5ème degré et amende de 120 *yuan*).	
— d° —	Teyarkolifuiyiwan (鐵雅科料夫意萬), sujet russe. *Brigandage et homicide.*	26 Déc. 1924	19 Février 1925	Appel rejeté. (Aux termes du jugement originaire, emprisonnement perpétuel, avec privation à vie des droits civiques).	
Tribunal de district de Chang-hai, (Province de Kiang-sou).	Itokleif (它克拉夫), sujet russe. *Vol.*	16 Janvier 1924	24 Janvier 1924	5 mois d'emprisonnement du 5ème degré, privation à vie des droits civiques (Art. 368,54 et 380 C. pén. prov.).	
— d° —	Cleinin (克乃林), sujet tchèque. *Brigandage.*	26 Janvier 1924	7 Mars 1924	Cleinin et Meshimihayuff (麥西米華樂夫), 5 ans d'emprisonnement du 2ème degré, privation à vie des droits civiques.	
— d° —	Rusenbohn (魯森班), sujet polonais. *Coups et blessures.*	21 Février 1924	11 Mars 1924	Acquittement, faute de preuves.	
— d° —	Tailaishof (他來沙夫), sujet russe. *Pénétration illégitime dans une maison habitée.*	11 Mars 1924	25 Mars 1924	2 mois d'emprisonnement du 5ème degré (art. 225, C. pén. prov.).	

Tribunaux	Nature des affaires	Date de recevabilité des actions	Date des jugements	Résultats	Observations
Tribunal de district de Chang-hai (Province de Kiang-sou).	Ilik (愛立克), sujet russe. *Importation d'armes.*	22 Avril 1924	30 Avril 1924	10 mois d'emprisonnement du 5ème degré (art. 205, C. pén. prov.).	
— d° —	Angeleyas (安格里亞斯), sujet russe. *Importation d'opium.*	20 Mai 1924	28 Mai 1924	3 mois d'emprisonnement du 5ème degré, amende de 120 *yuan* (art. 266, C. pén. prov.).	
— d° —	Unashof (有納紗夫), sujet russe. *Blessures légères.*	1er Août 1924	23 Août 1924	15 jours de détention (art. 313 et 54, C. pén. prov.).	
— d° —	Chulirenkaigaitailei (組利仁加格達來), sujet roumain. *Contrebande d'armes pour des besoins militaires.*	1er Août 1924	23 Août 1924	Acquittement, faute de preuves.	
— d° —	Naihilof (乃西羅夫), sujet russe. *Coups et blessures.*	8 Août 1924	27 Août 1924	Action rejetée pour irrégularités dans la procédure.	
— d° —	Naihilof (乃西羅夫), sujet russe. *Brigandage.*	27 Sept. 1924	30 Sept. 1924	1 an d'emprisonnement du 4ème degré, privation à vie des droits civiques (art. 373, 54 et 380, C. pén. prov.).	
— d° —	Teyarkolifuiyiwan ([illegible]雅科料夫意萬), sujet russe. *Concours de brigandage et d'homicide.*	21 Nov. 1924	15 Déc. 1924	Double condamnation à l'emprisonnement perpétuel, privation à vie des droits civiques ; une seule condamnation d'emprisonnement perpétuel exécutoire.	

Tribunaux	Nature des affaires	Date de recevabilité des actions	Date des jugements	Résultats	Observations
Tribunal de district de Chang-hai (Province de Kiang-sou).	Wiuchisikpitefiligimilwichi (威孝可克標多佛洛攪米兒維赤), sujet russe. *Blessures par imprudence.*	5 Janvier 1925	19 Janvier 1925	Rejet de l'action.	
— d° —	Abeikmilofhailam C. (阿白格米諾夫海那拉), sujet russe. *Blessures légères.*	20 Mars 1924	28 Mars 1924	2 mois d'emprisonnement du 5ème degré (art. 313, § 3, C. pén. prov.).	
Tribunal de district de Hia-keou, (Province de Hou-p i).	Shawki, (紹克), sujet russe et autres. *Recel d'armes pour des besoins militaires.*	17 Mars 1924	19 Mars 1924	Shawki, Yiwu (月午) et Shenlin (晓鑿) chacun 200 *yuan* d'amende (art. 205. C. pén prov.).	
— d° —	Atualof (阿都落夫), sujet russe. *Recel d'armes.*	14 Juin 1924	17 Juin 1924	Amende de 240 *yuan* (art. 205. C. pén. prov.).	
— d° —	Kusuilaif (古薩諾夫), sujet russe. *Recel d'armes.*	18 Juin 1924	18 Juin 1924	Amende de 250 *yuan* (art. 205, C. pén. prov.).	
— d° —	Fahsinaf (伐熱那夫), sujet russe. *Recel d'armes.*	20 Juin 1924	25 Juin 1924	Amende de 220 *yuan* (art. 205, C. pén. prov.).	
Tribunal de district de Ming-heou, (Province de Fou-kien).	Ikarmiwui (艾卡泊維), sujet russe, c. Cheng-Chin-ming (鄭景明). *Vol.*	2 Mai 1924	17 Mai 1924	Acquittement, faute de preuves.	

VI.—Statistiques des Jugements rendus par les différents Tribunaux dans les Affaires civiles concernant les Sujets de Puissances qui ne jouissent pas de la Juridiction consulaire.

(Janvier 1924 — Juin 1925)

Tribunaux	Nature des affaires	Date de recevabilité des actions	Date des jugements	Résultats	Observations
Tribunal supérieur de Pékin.	Hsieh-Yui-Chiao (薛印橋), c. Inokintie (英諾肯提乙), sujet russe. *Inéxécution de contrat.*	30 Janvier 1924	17 Mai 1924	Infirmation de la disposition du jugement original relative aux dommages-intérêts pour inéxécution. L'intéressé est condamné à payer à l'appelant la somme de 220 *yuan* à titre d'indemnité. Rejet des autres conclusions d'appel.	
— d° —	Hanzbark (韓次巴爾克), sujet allemand, c. Plougen (布老恩), nationalité inconnue. *Dommages-intérêts.*	15 Mars 1924	26 Août 1924	Appel rejeté.	
— d° —	Satanbalachur (色丹巴勒珠爾) sujet mongol, c. Basch (巴斯), sujet allemand. *Non-payement de dette.*	28 Sept. 1923	12 Sept. 1924	Appel rejeté.	Solution de l'affaire retardée d'une part, par le fait que les témoins n'ont pas répondu à maintes reprises aux convocations, d'autre part, par l'envoi de commissions rogatoires au tribunal supérieur du Tche-li et à la 1ère section du tribunal supérieur du Chan-si.

Tribunaux	Nature des affaires	Date de recevabilité des actions	Date des jugements	Résultats	Observations
Tribunal supérieur de Pékin	Encher (恩傑爾), sujet russe, c. Shao-Chun-Lun (邵鶴崙). *Non-payement de salaires.*	1er Nov. 1924	15 Nov. 1924	Appel rejeté.	
— d° —	Baschen (白志賢), sujet allemand, c. Mme Oyan-Kuo (歐陽郭氏). *Non-payement de dette.*	6 Octobre 1924	22 Janvier 1925	Appel rejeté.	
— d° —	Sun-Wen-Chuan (孫文泉), c. Inokintie (英諾肯提乙), sujet russe. *Appel en matière de non-payement de dette, avec demande en révision.*	14 Mai 1925	30 Juin 1925	Infirmation de la disposition du jugement original qui a condamné l'appelant à payer à l'intimé une somme de 1032 *yuan* 945 et aux dépens. Rejet de la demande reconventionnelle de l'intimé.	
Tribunal de district de Pékin.	Hanzbark (韓次巴爾克), sujet allemand, c. Plougen (布老恩), nationalité inconnue. *Dommages-intérêts.*	18 Juillet 1923	12 Janvier 1924	Demande rejetée.	
— d° —	Sun-Wen-Chuan (孫文泉), c. la Mission Russe (俄國教會). *Inéxécution de contrat.*	5 Décembre 1923	14 Janvier 1924	Condamnation du défendeur au payement d'une somme de 600 *yuan* au demandeur.	
— d° —	Urstie (鄔爾斯坦), sujet russe, c. Lo-Ming-Yu (羅明佑). *Dommages-intérêts.*	7 Janvier 1924	14 Janvier 1924	Condamnation du défendeur au payement d'une somme de 325 *yuan* au demandeur.	

Tribunaux	Nature des affaires	Date de recevabilité des actions	Date des jugements	Résultats	Observations
Tribunal de district de Pékin	Inokintie (英諾肯提乙), sujet russe, c. Sun-Wen-Chuan (孫文泉). *Reddition de comptes.*	21 Sept. 1923	14 Mars 1924	Condamnation du défendeur au payement d'une somme de 1032 *yuan* 945, montant de la part du demandeur dans une somme, non encore partagée, de 3443 *yuan* 15, représentant les bénéfices d'une briqueterie.	
— d° —	Lo-Ming-Yu (羅明佑), c. Urstie (鄔爾斯坦), sujet russe. *Dommages-intérêts.*	4 Mars 1924	21 Mars 1924	Appel rejeté.	
— d° —	Burte (巴爾台), sujet allemand, c. Chao-Yueh-Chen (趙悅宸). *Garantie en matière de non-payement de dette.*	4 Mars 1924	25 Mars 1924	Condamnation de Chao-Yueh-Chen à payer à Burte une somme de 2500 *yuan* avec intérêts à 12% par mois, depuis le mois d'août 1923 jusqu'au jour du payement. Si Chao-Yueh-Chen est insolvable, Chiao-Jui-Hsi sera tenu de payer à sa place. Déclaration d'exécution provisoire.	
— d° —	Encher (恩傑爾), sujet russe, c. Shao-Chun-Lung (邵[illegible]). *Non-payement de salaires.*	2 Mai 1924	8 Mai 1924	Condamnation du défendeur à payer au demandeur une somme de 560 *yuan* pour salaires dûs et fournitures, avec intérêts à 3% par mois depuis le 1er Mai 1923 jusqu'au jour de l'exécution du jugement.	
— d° —	Mission Russe (俄國教會), c. Sun-Wen-Chuan (孫文泉). *Non-payement de dette.*	29 Février 1924	29 Mai 1924	Appel rejeté.	

Tribunaux	Nature des affaires	Date de recevabilité des actions	Date des jugements	Résultats	Observations
Tribunal de district de Pékin.	Sun-Wen-Chuan (孫文泉), c. Mission Russe. *Non-payement de dette.*	4 Août 1924	15 Août 1924	Défendeur condamné à payer au demandeur une somme de 820 *yuan.*	
— d° —	Encher (恩傑爾), c. le théâtre Kaiming. *Non-payement de salaires.*	1er Août 1924	22 Août 1924	Transaction.	
— d° —	Shao-Chun-Lung (邵鈞隆), c. Encher (恩傑爾). *Non-payement de salaires.*	31 Mai 1924	28 Août 1924	Infirmation du jugement original et rejet de la demande reconventionnelle de l'intimé.	
— d° —	Lo-Ming-Yu (羅明佑), c. Urstie (鄔爾斯坦), sujet russe. *Dommages-intérêts.*	17 Juin 1924	8 Octobre 1924	Appel rejeté.	
— d° —	Auluthakinphilis (安娜得拉念非力斯), sujet russe, et autres, c. Tar (他王爺), prince mongol. *Non-payement de dette.*	16 Mai 1924	5 Novembre 1924	Défendeur condamné à rembourser aux demandeurs la somme de 14.000 *taëls*, capital et intérêts compris. Rejet des autres conclusions des demandeurs.	
— d° —	Hanzbark (韓次巴爾克), sujet allemand, c. Brown (布老恩), nationalité inconnue. *Dommages-intérêts et demande en révision.*	6 Février 1925	30 Avril 1925	Rejet de la demande en révision.	
— d° —	Kuo-Yu-Chow (郭郁周), c. Komingo (哭明哥), sujet russe. *Non-payement de dette.*	20 Février 1925	11 Mars 1925	Transaction.	

Tribunaux	Nature des affaires	Date de recevabilité des actions	Date des jugements	Résultats	Observations
Tribunal de district de Pékin.	Huang-Cheng-Tai (黃震泰), c. Humailing (赫美琳), sujet allemand. *Résiliation de contrat.*	9 Sept. 1924	30 Mars 1925	Demande rejetée.	Solution de l'affaire retardée par le fait que l'adresse du défendeur était inconnue, et que le demandeur ne l'a pas indiquée, malgré les ordres réitérés du tribunal.
— d° —	Draginphilis (得拉念非力斯), sujet russe, c. Tar, prince mongol (他王爺). *Non-payement de dette.*	16 Mai 1924	4 Avril 1925	Transaction.	
— d° —	Inokintie (英諾肯提乙), sujet russe, c. Hsiao-Shu Ton (夏旭東). *Résiliation de contrat et non-payement de loyers.*	24 Déc. 1924	13 Mai 1925	Résiliation du contrat passé le 21 Décembre 1923 entre les parties. Défendeur tenu de rendre au demandeur toutes les machines, conformément à l'inventaire. Défendeur tenu de rendre au demandeur la maison louée. Rejet des autres conclusions du demandeur.	
— d° —	Lu-Shao-Feng (陸少峯), représentant de l'hôtel Fuh-Lai, c. Nitoff (倪德翰), et autres, sujets allemands. *Non-payement de dette.*	8 Sept. 1924	18 Juin 1925	Défendeur Harriwatchlaustrot 哈利瓦特浪氏持拉持) condamné à payer au demandeur 148 *yuan* 30 cents pour logement et frais de nourriture, avec intérêts mensuels à 12% du jour de l'exigibilité de la somme à celui du payement Rejet de la demande tendant à ce que Nitoff soit tenu de payer à la place de Harriwatchlaustrot au cas d'insolvabilité de ce dernier.	Solution de l'affaire retardée en raison du fait que le demandeur avait dit d'abord que le défendeur habitait Hia-keou, ce qui a nécessité l'envoi d'une commission rogatoire au tribunal de district de Hia-keou. Le demandeur a en outre exigé une procédure provocatoire.

Tribunaux	Nature des affaires	Date de recevabilité des actions	Date des jugements	Résultats	Observations
Tribunal de district de Pékin.	Han-Chin-Chuen (韓鏡川), c. Libi (禮璧), sujet allemand. *Non-remboursement de prêt d'argent.*	30 Mai 1925	24 Juin 1925	Défendeur condamné à rembourser au demandeur la somme de 8755 *yuan* 28 cents, dont 5000 avec intérêts mensuels à 4% à partir du 9 Décembre 1924 jusqu'à complet payement. D'autre part, défendeur tenu de payer tous les mois au demandeur 225 *yuan* à titre de traitement, à partir du 29 Mai 1925 jusqu'au jour où le contrat sera résolu.	
— d° —	Chuang-Hua-Foo (莊華甫), c. Wardez (維迪希), sujet allemand. *Non-payement du prix de marchandises fournies.*	9 Juin 1925	30 Juin 1925	Défendeur condamné à payer au demandeur la somme de 258 *yuan* 85 cents comme prix des marchandises.	
— d° —	Soo-Mon-Hsin (蘇夢星), c. Inokintie (英諾肯提乙), sujet russe, Chiang-Yin-Chiao (蔣印橋), et autres. *Opposition à séquestre.*	21 Mai 1925	30 Juin 1925	Demande rejetée.	
Tribunal supérieur du Tche-li.	King-Yuen-Sun (金雲蓀), c Weber (魏貝爾), sujet allemand. *Appel contre une ordonnance de saisie.*	14 Janvier 1924	16 Janvier 1924	Appel rejeté.	
— d° —	Wupol (魏勃), sujet allemand, c. King-Yuen-Sun (金雲蓀). *Vente.*	4 Janvier 1924	20 Janvier 1924	Infirmation du jugement primitif quant à la disposition ordonnant à Wupol de payer à King Yuen-Sun une somme de 2000 *taëls*. King-Yuen-Sun, au moment de prendre livraison des aiguilles, devra payer à Wupol une somme de 59 *taëls* 92 comme frais de transport. Rejet des autres conclusions d'appel et des demandes reconventionnelles.	

Tribunaux	Nature des affaires	Date de recevabilité des actions	Datedes jugements	Résultats	Observations
Tribunal supérieur du Tche-li.	Tu-Hsien-Chang (屠憲章), c Mutsch and C° (美最時洋行), société allemande. *Rachat.*	8 Février 1924	27 Février 1924	Appel rejeté.	
— d° —	Hongkong and Shanghai Banking Corporation (匯豐銀行), société anglaise, c. Boutuifche (巴頭易夫氏), sujet allemand. *Propriété.*	17 Février 1924	7 Mars 1924	Désistement.	
— d° —	Chao-Chin-Tsai (趙敬齊), c. Niehoutoche (泥化士其), sujet russe. *Faillite.*	15 Mars 1924	20 Mars 1924	Appel rejeté.	
— d° —	Maison de change Henta (恒達銀號) c. Niehanzche (泥化斯其), sujet allemand. *Non-payement de dette.*	10 Sept. 1923	16 Mai 1924	Appel rejeté.	
— d° —	King-Yuen-Sun (金芸蓀), c. Weber (魏貝爾), sujet allemand. *Appel contre une ordonnance de saisie dans une action pour non-payement de dette.*	14 Janvier 1924	16 Juin 1924	Appel rejeté.	

Tribunaux	Nature des affaires	Date de recevabilité des actions	Date des jugements	Résultats	Observations
Tribunal supérieur du Tche-li.	Liu-Yao-Tin (劉堯廷), c. Hock (和加), sujet turc. *Non-payement de dette.*	9 Juin 1924	21 Juin 1924	Appel rejeté.	
— d° —	Kurgoul (革沃爾格), sujet russe, c. Mission Russe. *Ordonnance de saisie dans une action pour non-payement de dette.*	20 Juin 1924	23 Juin 1924	Saisie prononcée à l'encontre des biens suivants de la mission russe, débiteur dans la présente affaire : 1) une maison sise au coin de la rue Hsinkai et de Hatamen, Pékin;—2) deux maisons sises à Peitaiho.	
— d° —	Wailakaupal (維拉幹巴), sujet russe, c. Yu-Hsin-Jen (王興永), et autres. *Non-payement de salaires pour travaux exécutés dans une tannerie.*	4 Sept. 1924	14 Janvier 1925	Appel rejeté.	
— d° —	Mission Russe en Chine c. Kurgoul (革沃爾格), sujet russe. *Non-payement de dette.*	30 Mai 1924	23 Janvier 1925	Infirmation du jugement primitif dans les dispositions confirmant le droit de possession de l'appelant sur le terrain sis à Peitaiho, et ordonnant le payement d'intérêts. L'appelant est tenu de payer à l'intimé une somme de 16288 *yuan* 17, une commission de 1 °/₀ sur la somme de 15800 *yuan*, et des intérêts mensuels à 5 °/₀ sur la somme de 12802 *yuan* 92 à partir de la signfication du jugement jusqu'au jour de son exécution. Rejet des autres conclusions d'appel et des demandes reconventionnelles.	Solution de l'affaire retardée par suite d'une communication de pièces demandée au tribunal de district de Pékin et en raison des difficultés de communications entre Pékin et Tientsin par suite de la guerre civile.

Tribunaux	Nature des affaires	Date de recevabilité des actions	Date des jugements	Résultats	Observations
Tribunal supérieur du Tche-li.	Mission Russe en Chine, c. Kurgoul (革沃爾格), sujet russe. *Demande reconventionnelle dans une instance d'appel pour non-payement de dette.*	24 Nov. 1924	27 Janvier 1925	Jugement du 27 annulé; le jugement du 23 rendu sur la demande principale dit: «Les demandes reconventionnelles sont entièrement rejetées». La date du 27 doit être remplacée par celle du 23.	
— d° —	Yeekang and C° (貽康公司), c. Mertschand C° (美最時洋行), société allemande. *Demandes diverses.*	15 Déc. 1924	4 Février 1925	Jugement primitif réformé dans la partie concernant Tsui-Ya-Chuan (崔雅泉). Rejet de la demande de l'intimé contre Tsui-Ya-Chuan. Rejet des autres conclusions.	
— d° —	Tai-Lien-Pu (戴連波). c. Petache (佰德希), sujet allemand. *Non-payement du prix de fournitures.*	3 Février 1925	4 Mars 1925	Jugement primitif reformé dans la partie condamnant l'appelant à payer à l'intimé une somme de 3163 *taëls* 97. L'appelant doit payer à l'intimé une somme de 2479 *taëls* 97. Rejet des autres conclusions.	
— d° —	Kolo. (柯樂耳), sujet allemand, c. Parta Helen Kolor (柯樂耳柏耳哈達洽). *Divorce.*	23 Octobre 1924	10 Mars 1925	Jugement primitif réformé dans la partie condamnant l'appelant à payer à l'intimée une certaine somme. Rejet de la demande en payement de 2066 *yuan* formée par l'intimée contre l'appelant en première instance.	
— d° —	Liho and C° (禮和洋行), société allemande, c. Tsui-Shi-Chen (崔世宸), et autres. *Non-payement du prix de marchandises fournies.*	26 Mars 1925	30 Avril 1925	Désistement.	

Tribunaux	Nature des affaires	Date de recevabilité des actions	Date des jugements	Résultats	Observations
Tribunal supérieur du Tche-li.	Shinia and C° (信誼公司), société allemande, c. Liu-Tze-Chieh (劉子傑), et autres. *Non-payement de dette.*	28 Janvier 1925	5 Mai 1925	Appel rejeté.	
— d° —	Surge (蘇而芝), sujet allemand, c. la banque King-Chen (金城銀行). *Non-payement de dette.*	20 Nov. 1924	12 Mai 1925	Infirmation du jug .ment primitif. La société Hsin-Hua (新華公司), doit rembourser à la banque King-Chen le capital de 6469 *yuan* 30, avec intérêts mensuels à 1% à partir du 1er Mai 1924 jusqu'au ſjour de l'exécution. Le payement de la dette sus-indiquée incombe à Surge.	
— d° —	Banque Russo-Asiatique (華俄道勝銀行), c. Tearpologin (梯二卜羅金), et autres. *Dommages-intérêts.*	23 Février 1925	12 Juin 1925	Transaction.	
Tribunal de district de T'ien-tsin (Province de Tche-li)	Tung-Pin-Tai (東品德), c. Gouriff (窩日夫), sujet allemand. *Non-payement du prix de marchandises fournies.*	11 Déc. 1923	23 Janvier 1924	Appel rejeté.	
— d° —	Wang-Peh-Yuan (王佰淵), c. Balchiwatez (巴利維此), sujet polonais. *Non-payement de salaires*	19 Déc. 1923	26 Janvier 1924	Transaction.	
— d° —	Harskowaites (黑而斯可衛茲), sujet russe, c. Mask (馬斯克), représentant de la maison Yuchi (又紀洋行). *Dommages-intérêts.*	28 Avril 1923	29 Fórvier 1924	Demande rejetée.	Solution de l'affaire retardée par suite d'enquêtes et de tentative de transaction.

Tribunaux	Nature des affaires	Date de recevabilité des actions	Date des jugements	Résultats	Observations
Tribunal de district de T'ien-tsin. (Province de Tche-li).	Polistichokff (博利斯識秋聞夫), c. Yutamilachukwa (呂德米拉次克瓦), sujets russes. *Non-payement de dette et demande d'exécution provisoire.*	4 Mars 1924	13 Mars 1924	Demande rejetée.	
— d° —	Lastoffkansadwates (雷士朵夫哈士安得維其), sujet russe c. K. Lastoffkansadwates (雷士夫朵司徒那也夫鮑納士). 坦丁樂發. *Divorce.*	7 Mars 1924	13 Mars 1924	Divorce prononcé.	
— d° —	Shika (石克), sujet russe, c. Liu-Hsi-Wu (劉錫五). *Non-payement de marchandises fournies.*	5 Janvier 1924	19 Mars 1924	Appel rejeté.	
— d° —	Banque Russo-Asiatique (華俄道勝銀行), c. Shi-Tai and C° (石德洋行), société russe. *Non-payement de dette.*	8 Janvier 1923	28 Mars 1924	Retrait de la demande formée contre Feng-Ho-Ting.	Solution de l'affaire retardée par le fait que le domicile du défendeur était inconnu et par suite de l'ajournement de la procédure en présence de démarches faites par les avocats des deux parties en vue d'une transaction.
— d° —	Noguason (那掛森), c. Noguashisonph (那掛世若維夫), sujets russes. *Divorce.*	3 Mars 1924	10 Avril 1924	Divorce prononcé. Les deux filles issues du mariage sont confiées au demandeur. La défenderesse ne peut plus à l'avenir porter le nom du demandeur	

Tribunaux	Nature des affaires	Date de recevabilité des actions	Date des jugements	Résultats	Observations
Tribunal de district de T'ien-tsin, (Province de Tche-li).	Hock (和加), sujet turc, de la maison Shiali-li and C° (退利洋行), c. la maison Wang-Lung 萬隆科). *Non-payement de dette.*	4 Avril 1924	30 Avril 1924	Défendeur tenu de payer au demandeur une somme de 1266 *yuan*, avec intérêts annuels à 12 %, à compter du jour de l'introduction de l'instance jusqu'au jour de l'exécution du jugement.	
— d° —	Pardom (柏爾 達母), c. Grouts (葛若物), sujets allemands. *Non-payement de dette.*	12 Avril 1924	7 Mai 1924	Défendeur tenu de payer au demandeur une somme de 100 *yuan*, avec intérêts moratoires à 10 % par mois à compter du 10 Avril 1922 jusqu'au jour de l'exécution. D'autre part, il doit payer au demandeur une somme de 433 *yuan*, avec intérêts moratoires à 10% par mois à compter du 18 Mars de l'année courante jusqu'au jour de l'exécution.	
— d° —	Locoshianoff (諾倭湖略夫), sujet russe, c. Parmiecuff (白耳米准確夫). *Non-payement de dette.*	14 Avril 1924	13 Mai 1924	La somme de 3000 *yuan* due par le défendeur au demandeur doit être remboursée à raison de 100 *yuan* par mois à compter du mois de Mai 1924 jusqu'à complet payement.	
— d° —	Sablaiyasch (施来雅氏), c. Kosmy (柯七密), sujets allemands. *Non-payement de dette.*	29 Février 1924	19 Mai 1924	Demande rejetée.	
— d° —	Sun-Wou-Shen (孫茂盛), et autres, c. Willbartz (威維把爾斯) sujet russe. *Non-payement de salaires.*	14 Octobre 1923	20 Mai 1924	Défendeur tenu de payer aux demandeurs une somme de 1605 *yuan* 62 cents à titre de salaires.	

Tribunaux	Nature des affaires	Date de recevabilité des actions	Date des jugements	Résultats	Observations
Tribunal de district de T'ien-tsin, (Province de Tche-li).	Neiching-Kwang and C° (來井廣洋行), société américaine, c. Yuanfung and C° (原豐洋行), société allemande. *Transfert d'argent.*	22 Février 1924	24 Mai 1924	Demande rejetée.	
— d° —	Szedon (士檔), c. Werdt (威爾梯), sujets allemands. *Non-payement de dette et saisie conservatoire.*	8 Mai 1924	30 Mai 1924	Saisie prononcée à concurrence de la somme de 4000 *yuan* prix du terrain de Werdt, mais ce dernier est admis à fournir une garantie de valeur équivalente afin d'obtenir cessation ou mainlevée de la saisie.	
— d° —	Han-Ming-Chi (韓民濟), Yeh Lei (葉里), et autres, c. Urul Tullnika, Tullewhitch (尉斯塔里呢克塔里佳志), sujets russes. *Divorce.*	3 Mars 1924	31 Mai 1924	Divorce prononcé.	
— d° —	Chang-Tien-Yin (張殿英), c. Szedon (士檔), sujet allemand. *Reddition de comptes.*	16 Déc. 1922	9 Sept. 1924	Défendeur tenu de rembourser au demandeur une somme de 4000 *yuan*. Rejet des autres demandes.	Solution de l'affaire retardée par la nécessité de rechercher des preuves à l'office des Affaires étrangères et l'envoi de commissions rogatoires au bureau du superintendant de Ngan-tong.

Tribunaux	Nature des affaires	Date de recevabilité des actions	Date des jugements	Résultats	Observations
Tribunal de district de T'ien-tsin, (Province de Tche-li).	Kolor (柯樂耳), sujet allemand, c. Kolor Parte Helen (柯樂耳柏耳澀哈冷). *Divorce.*	30 Avril 1924	25 Sept. 1924	Divorce prononcé. La défenderesse ne peut plus porter le nom du demandeur après le divorce. Les cinq fils et filles sont confiés au demandeur. Le demandeur doit payer à la défenderesse une somme de 2064 *yuan*. Rejet des autres demandes reconventionnelles.	
— d° —	King-Chen Bank (金城銀行), c. Hsinhwa C° (新華公司), société allemande. *Non-payement de dette.*	17 Juillet 1924	11 Octobre 1924	Defendeur condamné à rembourser au demandeur la somme de 6469 *yuan*, capital et intérêts, dont un intérêt mensuel de 10%, à partir du 1er Mars 1924 jusqu'au jour du remboursement intégral du capital de 5000 *yuan*.	
— d° —	Kisseling (思士林), sujet allemand, c. Kuo-Chi-Tang (郭繼堂). *Non-payement de dette.*	19 Mai 1924	25 Octobre 1924	Demande rejetée.	
— d° —	Chang-Yi-Woo (章以吳), c. Hoskowitch (何斯科維之) sujet allemand. *Dommages-intérêts.*	11 Août 1924	8 Nov. 1924	Défendeur condamné à rembourser au demandeur la somme de 257 *yuan* et 60 *taëls*.	
— d° —	Liu-Tsz-Chieh (劉子傑), représentant de l'usine Yuan-Tai (元泰), c. Hsin-Yi and C° (信誼), sujet allemand. *Dommages-intérêts.*	2 Juillet 1924	9 Nov. 1924	Hsin-Yi and C° condamné à rembourser au demandeur la somme de 11364 *yuan* 80. Rejet des autres conclusions du demandeur.	
— d° —	Rollwatt (羅耳沃託), sujet allemand, c. Pei-Jin-San (白仁山). *Non-payement de salaires.*	4 Déc. 1924	8 Déc. 1924	Désistement.	

Tribunaux	Nature des affaires	Date de recevabilité des actions	Date des jugements	Résultats	Observations
Tribunal de district de T'ien-tsin, (Province de Tche-li).	Deutsche-Asiatische Bank (德華銀行). c. Yuan-Feng Trading C° (豐源貿易公司). *Non-remboursement d'emprunt.*	3 Octobre 1924	16 Déc. 1924	Défendeur condamné à rembourser au demandeur la somme de 17910 *taëls* 61, avec intérêts moratoires à 10% par mois depuis le 13 Septembre 1924 jusqu'au jour de l'exécution du jugement. Exécution provisoire ordonnée.	
— d° —	Hsin-Hua and C° (新華公司), maison allemande, c. Alstaory (河邢斯達色身), sujet grec. *Non-payement de dette.*	14 Octobre 1924	20 Déc. 1924	Défendeur condamné à rembourser au demandeur la somme de 2150 *yuan* 80, avec intérêts mensuels à 10% depuis le 29 Novembre 1922 jusqu'au jour de l'exécution du jugement	
— d° —	Pattesy (伯德裕), sujet allemand, c. Tai-Lien-Pu (戴連波). *Non-payement de marchandises fournies.*	17 Octobre 1924	11 Déc. 1924	Tai-Lien-Pu condamné à rembourser au demandeur la somme de 3163 *taëls* 97. En cas d'insolvabilité de Tai-Lien-Pu, le patron de la maison Hsu-Hsin (徐新) est tenu du remboursement.	
— d° —	Ya-Li and C° (雅利), c. Serge (蘇而芝), sujet allemand. *Non-payement de dette.*	7 Nov. 1924	27 Déc. 1924	Défendeur condamné à rembourser au demandeur la somme de 755 *taëls*, avec intérêts mensuels à 12% depuis le 30 Octobre 1924 jusqu'au jour de l'exécution du jugement Rejet des conclusions d'exécution provisoire.	
— d° —	Slasoff (施拉射夫), c. Wabalop Slasoff (施拉射夫卡勒甫) sujets russes. *Divorce.*	4 Déc. 1924	29 Déc. 1924	Divorce prononcé. Interdiction est faite au défendeur de porter à l'avenir le nom du demandeur.	

Tribunaux	Nature des affaires	Date de recevabilité des actions	Date des jugements	Résultats	Observations
Tribunal de district de T'ien-tsin, (Province de Tche-li).	Eikoson (愛[illegible]) c. Rurodenty (勞拉登[illegible]), sujets allemands. *Non-payement de dette.*	4 Octobre 1924	17 Janvier 1925	Défendeur condamné à rembourser au demandeur la somme de 3500 *yuan*, avec intérêts à 10% depuis le 6 Février 1924 jusqu'au jour de l'exécution du jugement. En cas d'insolvabilité du défendeur, les objets donnés en garantie seront vendus aux enchères pour éteindre la dette.	
— d° —	Liu-Chi-Hsien (劉繼仙), c. Adland (艾德蘭), sujet allemand. *Non-payement de marchandises fournies.*	18 Déc. 1924	17 Janvier 1925	Désistement.	
— d° —	Shun-Fa and C° (順發洋行), c. Sandal (山大), sujet allemand. *Non-payement de dette.*	30 Juin 1923	21 Janvier 1925	Affaire considérée comme ayant fait l'objet d'un désistement.	Solution de l'affaire retardée par suite de la non-comparution du demandeur, malgré plusieurs convocations
— d° —	Schmidt (石密德) sujet allemand c. le Consul de Russie à Tientsin. *Dommages-intérêts.*	18 Nov. 1921	31 Janvier 1924	Affaire reconnue comme ayant fait l'objet d'un désistement.	Solution de l'affaire retardée par le fait que le conseil du demandeur, après avoir réclamé, à plusieurs reprises, un inventaire des biens russes, a négligé de se présenter malgré plusieurs convocations.

Tribunaux	Nature des affaires	Date de recevabilité des actions	Date des jugements	Résultats	Observations
Tribunal de district de T'ien-tsin, (Province de Tche-li)	Shilinatoy (席林邪塔利), sujet russe. *Succession*	29 Nov. 1924	31 Janvier 1925	La demanderesse est envoyée en possession des biens de son mari décédé.	
— d° —	Shortz (蘇而芝), sujet allemand, c. Chang-Chih-Li (張自立). *Non-payement de salaires*	29 Janvier 1925	3 Février 1925	Transaction.	
— d° —	Lo-Ung-Hua (羅恩華), c. Paul Weber (保羅威伯爾), sujet allemand. *Non-payement de salaires.*	22 Juin 1922	6 Février 1925	Affaire considérée comme ayant fait l'objet d'un désistement.	Solution de l'affaire retardée par suite d'une enquête et de la non-comparution du demandeur.
— d° —	Ti'iplokin (梯梯卜羅金), sujet russe, c. Russo-Asiatic Bank (華俄道勝銀行). *Dommages-intérêts.*	21 Août 1922	7 Février 1925	Défendeur condamné à payer au demandeur la somme de 1800 *yuan*. Rejet des autres conclusions du demandeur.	Solution de l'affaire retardée par le fait que le défendeur fit appel d'une ordonnance pour cause d'incompétence, ce qui nécessita trois ajournements successifs.
— d° —	Munsroe (門思和) sujet allemand, c. Lin-Hsiao-Tang (林曉堂), et autres. *Non-payement de dette.*	16 Février 1925	23 Février 1925	Yang-Sui-Jen (楊瑞雲), est condamné à rembourser au demandeur la somme de 512 *yuan* 50. Désistement du demandeur à l'égard de Lin-Hsiao-Tang. Exécution provisoire ordonnée.	

Tribunaux	Nature des affaires	Date de recevabilité des actions	Date des jugements	Résultats	Observations
Tribunal de district de T'ien-tsin, (Province de Tch.-li).	Li-Ho and C° (禮和洋行), maison allemande, c. Tsui-Shi-Chen (崔世臣). *Non-payement de marchandises fournies.*	2 Nov. 1923	26 Février 1925	Tsui-Shi-Chen condamné à rembourser au demandeur la somme de 8000 *taëls* ; Tai-Yung-Ho (戴榮和), et Yung-Tieh-San (榮鐵山), sont solidairement responsables du payement. Rejet des autres conclusions du demandeur.	Solution de l'affaire retardée par la recherche des preuves.
— d° —	Hsieh-Cheng-Hua (謝宗華), c. Junk (容克), sujet allemand. *Conclusions de partie civile dans une instance pénale.*	13 Juillet 1922	28 Février 1925	Désistement.	Solution de l'affaire retardée par suite du défaut de transmission du dossier de l'appel criminel.
— d° —	Lan-Fung-Ming (藍鳳鳴), c. Fangel (馮根), sujet allemand. *Vente de marchandises.*	8 Sept. 1924	9 Mars 1925	Le contrat de vente de pierres précieuses est résilié. Rejet des autres conclusions du demandeur.	
— d° —	Logel and C° (羅克格公司), c Watchellor (外赤代), sujets russes. *Non-payement de dette.*	10 Février 1925	21 Mars 1925	Défendeur condamné à rembourser au demandeur la somme de 2000 *yuan*, avec intérêts moratoires à 10% par mois depuis le 20 Août 1924 jusqu'au jour de l'exécution du jugement.	
— d° —	Lican and C° (利康洋行), maison allemande, c. Yuan Feng Trading C° (源豐貿易公司). *Non-payement de dette et demande de saisie provisoire.*	25 Mars 1925	10 Avril 1925	Saisie provisoire de 77 boîtes de cigarettes (43 d'une sorte et 34 d'une autre) et de 90 boîtes de Cream Separater appartenant à Yuan-Feng Trading C°.	

Tribunaux	Nature des affaires	Date de recevabilité des actions	Date des jugements	Résultats	Observations
Tribunal de district de T'ien-tsin, (Province de Tche-li).	Fensel (粉佘耳), sujet allemand, c. Damelin (達誠林), sujet russe. *Non-payement de dette.*	18 Déc. 1924	14 Avril 1925	Défendeur condamné à rembourser au demandeur la somme de 4675 *taëls*, avec intérêts mensuels à 10% depuis le 26 Juillet 1924 jusqu'au jour de l'exécution du jugement.	
— d° —	Hsueh-Chen C° (協成洋行), maison américaine, c. Damelin (達誠林), sujet russe. *Non-payement de dette.*	18 Déc. 1924	14 Avril 1925	Fensel, sujet allemand est le comprado e de Hsueh-Chen C°. (Affaire retirée du rôle, étant identique à l'affaire Fensel c. Damelin ci-dessus).	
— d° —	Yale and C° (雅利洋行), maison allemande, c. Chang-Pah-Chin (張普青), et autres. *Non-payement de marchandises fournies.*	20 Avril 1925	15 Juin 1925	Demande rejetée.	
— d° —	Radis (芮狄斯), c. Gorbinisk (過比氏士凱), sujets russes. *Inéxécution de contrat et demande de saisie provisoire.*	29 Mai 1925	5 Juin 1925	Saisie provisoire de 9300 pièces de peaux de moutons déposées par Corbinisk dans les magasins généraux Teh-Tai and C° (德泰洋行). Suspension ou mainlevée sera accordée à Gorbinisk contre un cautionnement de 16000 *yuan*.	
— d° —	Adley (阿悠立) c. Kroliutf (克位了夫), sujets russes. *Non-payement de marchandises fournies.*	17 Juin 1925	17 Juin 1925	Transaction.	
— d° —	Anderson and C° (慎昌洋行), maison américaine, c. Kriepenporf (克立本道夫), sujet allemand. *Non-payement de dette.*	10 Février 1925	22 Juin 1925	Défendeur condamné à rembourser au demandeur la somme de 1737 *taëls*, avec intérêts mensuels à 7% depuis le 2 Septembre 1924 jusqu'au jour de l'exécution du jugement.	

Tribunaux	Nature des affaires	Date de recevabilité des actions	Date des jugements	Résultats	Observations
Tribunal de district de T'ien-tsin, (Province de Tche-li).	Li-An C° 利安洋行), maison allemande, c. Lowey (雷維) *Non-payement de dette.*	17 Juin 1925	29 Juin 1925	Défendeur condamné à rembourser au demandeur la somme de 406,95 *yuan*, avec intérêts moratoires à 10% par mois depuis le 28 Mai 1924 jusqu'au jour de l'exécution du jugement.	
— d° —	Fusintai (富興泰), c. Honk (鴻克) sujets allemands. *Non-payement de marchandises fournies.*	28 Avril 1925	30 Juin 1925	Défendeur condamné à rembourser au demandeur la somme de 412,09 *yuan*, avec intérêts moratoires à 10% par mois, depuis le 28 Mai 1902 jusqu'au jour de l'exécution du jugement.	
— d° —	Fr. Oil C° (法商氣油公司), c. Pulosinsky (布拉辛向克), sujet russe. *Non-payement de dette et demande de saisie provisoire.*	25 Mars 1925	Juin 1925	Désister.	
Section du tribunal de district de T'ien-tsin, (Province de Tche-li).	Liu-Chun-Ling (劉俊麟), c. Palun (巴倫), sujet russe. *Non-payement de loyers.*	9 Février 1925	28 Février 1925	Transaction.	
— d° —	Orkayoff Kalashinko (阿喀肉夫格立興訶), c. Manchuhuna (曼去肯那), sujets russes. *Non-payement de dette.*	21 Mars 1925	28 Mars 1925	Défendeur condamné à rembourser au demandeur la somme de 30 *yuan*, en trois versements mensuels de 10 *yuan* à partir du mois d'Avril 1925 Rejet des autres conclusions. Exécution provisoire ordonnée.	

Tribunaux	Nature des affaires	Date de recevabilité des actions	Date des jugements	Résultats	Observations.
Section du tribunal de district de T'ien-tsin, (Province de Tche-li).	Polinakoff (薄里雅確夫), c. Waseliyoff (華西里雅夫), sujets russes. *Non-payement de dette.*	9 Février 1925	27 Juin 1925	Défendeur condamné à rembourser au demandeur la somme de 142 *yuan*. Exécution provisoire ordonnée.	
Tribunal de district de Wan-ts'iuan, (Province de Tche-li).	The Branch Commercial Bureau of the Soviet Commercial Department of Kalgan (俄商). c. Yun-Chen-Yue et Chang-Pi (尹成王張璈). *Dommages-intérêts.*	6 Avril 1925	23 Avril 1925	Défendeur condamné à payer au demandeur la somme de 703 *taëls* 50 à titre de dommages-intérêts.	
Tribunal supérieur du Fong-t'ien	Chu-Yee-Ting (曲義亭), c. Russo-Chinese Tobacco C°. *Non-payement de dette.*	4 Janvier 1924	11 Janvier 1924	Transaction.	
— d° —	Chu-Lai-Hou (聚來號), c. Russo-Chinese Tobacco C°. *Non-payement de dette.*	26 Février 1924	29 Février 1924	Jugement original modifié. Les appelants sont tenus de rembourser à San-Sheng-Teh (三盛德號), l'intimé, une somme de 1500 *yuan* chacun. Exécution provisoire ordonnée. Rejet des autres conclusions d'appel et des demandes reconventionnelles.	
— d° —	Ivanoff (伊萬諾夫), sujet russe, c. Tong-Shao-Ssu (湯蕭氏). *Dommages-intérêts.*	11 Mars 1924	31 Mars 1924	Infirmation du jugement original dans la disposition déterminant le montant des dommages-intérêts dûs par l'appelant. Ivanoff est condamné à payer à l'intimé une somme de 800 *yuan*. Rejet des autres conclusions d'appel.	
— d° —	Russo-Chinese Tobacco C° c. Chow-Han-Tsen (周翰臣). *Non-payement de dette.*	12 Déc. 1924	19 Janvier 1925	Appel rejeté.	

Tribunaux	Nature des affaires	Date de recevabilité des actions	Date des jugements	Résultats	Observations
Tribunal supérieur du Fong-t'ien.	Chuan-Shing-Fa (全興發), c. Ho Li and C° (德商和利洋行), maison allemande. *Demande en garantie.*	2 Mars 1925	30 Mars 1925	Jugement original infirmé. L'affaire est renvoyée devant le tribunal de district de Chen-Yang pour nouveau jugement.	
— d° —	Wei-Tze-Yue (魏子餘), c. Ho-Li and C° (和利洋行), maison allemande. *Non-payement de dette.*	2 Mars 1925	30 Avril 1925	Appel rejeté.	
— d° —	British Tobacco C°. c. Russo-Chinese Tobacco C°. *Usurpation de marque de fabrique.*	1er Août 1924	31 Août 1924	Appel rejeté.	
Tribunal de district de Chen-Yang, (Province de Fong-t'ien).	Russo-Chinese Tobacco C° (中俄煙公司), c. Kwang-Ho-Chieh (廣合齋). *Non-payement de marchandises fournies.*	21 Février 1924	29 Février 1924	Le défendeur doit rembourser au demandeur, pour le compte de Chu-Pao-Yue (朱寶玉), la somme de 2770 *yuan* 17. Exécution provisoire ordonnée.	
— d° —	Shebloy (恐不來), sujet allemand, c. Li-Ching-Sheng (李金聲). *Non-payement de dette.*	23 Janvier 1924	31 Mars 1924	Li-Ching-Sheng condamné à rembourser à Shebloy la somme de 300 *yuan*; en cas d'insolvabilité, le propriétaire de la maison Chu-Sheng-Tung (悅興東號), est tenu.	
— d° —	Li-Ching-Sheng (李金聲), c. Shebloy (梁和公), sujet allemand. *Non-payement de dette.*	28 Avril 1924	20 Mai 1924	Appel rejeté.	

Tribunaux	Nature des affaires	Date de recevabilité des actions	Date des jugements	Résultats	Observations
Tribunal de district de Chen-Yang, (Province de Fong-t'ien).	Russo-Chinese Tobacco C°, c. Chu-Ho-Kong (聚和公). *Non-payement de marchandises fournies.*	15 Février 1924	24 Octobre 1924	Chow Han Chen (周翰臣), est condamné à rembourser la somme de 3115 *yuan* 50, à la Russo-Chinese Tobacco C°; celle de 3108 *yuan* 11, à la Manchuria Tobacco C°; celle de 2684 *yuan* 80, à Yung-Tai-Ho Tobacco C°; celle de 1084 *yuan* 42, à Nanyang Tobacco C°; celle de 975 *yuan* 30, à Lou Tien Ho Tobacco C°; celle de 442 *yuan* 25, à Heng Mou Chang Tobacco C°. Rejet des conclusions du demandeur à l'égard de Chow Kuo Ming (周國明) et de Yui Teh Yuan (于德源).	Solution de l'affaire retardée par suite d'enquêtes.
— d° —	Mar (馬克斯) sujet allemand, c. May Yung Fu (馬永富). *Dommages-intérêts.*	4 Octobre 1924	27 Octobre 1924	Défendeur condamné à rembourser au demandeur la somme de 400 *yuan*.	
— d° —	Fayly (裴利), sujet anglais, c. Peihosike Koryakoryako (北合士克古瑞阿喀訝), sujet russe. *Usurpation de marque de fabrique.*	1er Juin 1925	16 Juin 1925	Demande rejetée.	
Tribunal de district de Kirin, (Province de Kirin)	Loheimestoff (羅里米斯多夫), sujet russe, c. Liupuskan (劉布斯根), et autres. *Non-payement de dette.*	25 Mars 1924	8 Mars 1924	Transaction.	
Tribunal de district de Tchang-tch'ouen, (Province de Kirin).	Teliechiakoff (特列其亞闊夫), c. Bilayaloff (別列克洛夫), sujets russes. *Non-payement de monnaie d'or.*	18 Avril 1924	30 Avril 1924	Bilayaloff condamné à rembourser à Teliechiakoff la somme de 79 *yuan* en or.	

Tribunaux	Nature des affaires	Date de recevabilité des actions	Date des jugements	Résultats	Observations
Tribunal de district de Tchang-tch'ouen, (Province de Kirin).	Bilayaloff (別阿亞落夫), c. Teliechiakoff (特列其闊亞夫), sujets russes. *Non-payement de dette.*	17 Mai 1924	27 Mai 1924	Appel rejeté.	
Tribunal supérieur du Chan-tong.	Hanlisch (漢禮希), c. Nastaolinchi (敖頭凌基), sujets allemands. *Dommages-intérêts.*	1er Février 1924	3 Mars 1924	Modification de la disposition du jugement original rejetant la demande de l'appelant en indemnité pour dommages causés à ses outils en bois. L'intimé est condamné à payer à l'appelant la somme de 472 *yuan* 82. Rejet des autres conclusions d appel.	
— d° —	Chliimakochi (吉利馬康慈), sujet allemand, c. Kung Shih Yun (呂世雲). *Dommages-intérêts en matière d'entreprise de travaux.*	3 Octobre 1924	6 Octobre 1924	Transaction.	
— d° —	Hanlisch (漢禮希), c. Nastaolinchi (敖頭凌基), sujets allemands. *Appel contre une ordonnance de saisie conservatoire.*	5 Février 1925	11 Février 1925	Appel rejeté.	
— d° —	Shihfa (石發), sujet allemand, c. Chih Chien Cement C° (致敬洋灰公司). *Dommages-intérêts.*	2 Février 1925	13 Février 1925	Appel rejeté.	

Tribunaux	Nature des affaires	Date de recevabilité des actions	Date des jugements	Résultats	Observations
Tribunal supérieur du Chan-tong.	Chang Pai Kuan (姜佰寬), c. Porsk (阿保司兌), sujet allemand. *Appel ; non-payement de travaux.*	20 Nov. 1923	4 Mars 1925	Jugement original réformé ; Porsk condamné à payer à Chang Pai Kuan la somme de 4058 *yuan* 89.	Solution de l'affaire retardée par des délais d'expertise, enquête, et citation et par suite d'un changement de juges.
— d° —	Monfulan (茂輪蘭), c. Tufanbake (杜苓白克), sujets allemands. *Appel ; non-payement de dette.*	9 Avril 1925	20 Avril 1925	Appel rejeté.	
— d° —	Laitienks (萊特顛克氏), c. Monfulan (茂輪蘭), sujets allemands. *Appel ; non-payement de dette.*	9 Déc. 1924	26 Mai 1925	Jugement original réformé ; appelant condamné à rembourser à l'intimé la somme de 725 *yuan* 85. Le surplus des conclusions de l'appelant et de l'intimé est rejeté.	
Tribunal de district de Tsi-nan. (Province de Chan-tong).	Stone (師蔼), directeur de la Shen Chen C° (善成公司), société allemande, c. San-Yee C° (三義公司). *Non-payement de dette.*	19 Mai 1924	9 Juin 1924	Les défendeurs Kuo Shi Chieh (郭舒齋), Huang Shao Shin (黃紹先) et Chen Shih Yuan (陳世玩) sont tenus de supporter par parties égales le payement dû à l'appelant d'une somme de 1239 *yuan* 87 cents et d'une autre de 30 *yuan* ; ces deux sommes étant productives d'un intérêt mensuel à 10% à compter du 26 Juillet 1922 jusqu'à la fin de l'exécution du présent jugement, ledit intérêt étant également à la charge des trois défendeurs. Rejet de la demande formée par l'appelant contre Chen Chieh San (陳傑三).	

Tribunaux	Nature des affaires	Date de recevabilité des actions	Date des jugements	Résultats	Observations
Tribunal de district de Tsi-nan, (Province de Chan-tong).	Shih Shui San (薛秀山) représentant de la Chih Chien Cement C° (致敬洋灰公司), c. Shihfa (石發), sujet allemand. *Dommages-intérêts.*	7 Juin 1924	5 Novembre 1925	Défendeur condamné à payer au demandeur une somme de 670 *yuan*. Rejet de toutes les autres conclusions du demandeur.	
— d° —	Chen Hau (陳珩), de la Foo Shing Iron Works (福盛鐵廠), c. Shihfa (石發), sujet allemand. *Non-payement de dette.*	7 Janvier 1925	24 Février 1925	Défendeur condamné à payer au demandeur une somme de 364 *yuan*.	
Tribunal de district de Fou-Chan, (Province de Chan-tong).	Ianlaidas (楊萊夫士), sujet grec, c. Hsu Yung San (徐詠山). *Non-payement de dette.*	1er Octobre 1924	18 Octobre 1924	Affaire rayée.	
Tribunal de district de Ts'ing-tao, (Province de Chan-tong).	Maofulan (茂福蘭), sujet allemand, c. Liu Chih San (劉子山). *Dommages-intérêts.*	20 Février 1924	29 Février 1924	Affaire rayée.	
— d° —	Pulusk (蒲魯斯克), sujet autrichien et autres, c. Lian Chih Jen (梁子仁). *Non-payement de salaires.*	14 Nov. 1923	12 Mars 1924	Demande rejetée.	
— d° —	Malipoerkuonoff (馬利泊爾古瑤夫), c. Shikerkuonoff (石耳庫瑤夫), sujets russes. *Inexécution de contrat.*	26 Février 1924	14 Mars 1924	Demande additionelle rejetée.	
— d° —	Malipoerkuonoff (馬利泊爾古瑤夫), c. Meiyeluyin (梅埃魯因), sujets russes. *Inexécution de contrat.*	16 Janvier 1924	20 Mars 1924	Demande rejetée.	

Tribunaux	Nature des affaires	Date de recevabilité des actions	Date des jugements	Résultats	Observations
Tribunal de district de Ts'ing-tao, (Province de Chan-tong).	Chinshousantze (井手三次), sujet japonais, c. Penlis et Cie (彭里氏), sujet grec. *Non-payement de dette.*	10 Mars 1924	27 Mars 1924	Défendeur condamné à rembourser au demandeur une somme de 43 *yen* 88 cents (monnaie japonaise) pour marchandises fournies.	
— d° —	Propriétaire du magasin Hsi Fu Hsiang (協扶祥), c. Boudakowy (卜達喲威), sujet russe. *Restitution de marchandises volées.*	22 Mars 1924	31 Mai 1924	Défendeur condamné à restituer au demandeur 62 pieds de soie violette, 50 pieds de soie bleue, 46 pieds de soie mauve à dessins de phénix rouges et 69 pieds de soie grise. Faute de s'acquitter de son obligation de restitution, le défendeur sera tenu de payer au demandeur une somme de 384 *yuan* 31 cents.	
— d° —	Malipoerkuonoff (馬利泊爾古瑙夫), c. Shiherkunoff (石耳庫瑙夫), sujets russes. *Inexécution de contrat.*	10 Avril 1924	17 Juin 1924	Action non recevable, transférée au tribunal de district de la zône spéciale des Trois Provinces de l'Est.	
— d° —	Kouanshihnan (格那細那), sujet russe, c. Wula (烏拉), sujet polonais et Taoman (陶熳), sujet russe. *Non-payement de dette.*	17 Juin 1924	5 Juillet 1924	Rejet de la demande contre Taoman. Condamnation de Wula à payer au demandeur une somme de 133 *yuan*.	
— d° —	Kung Shih Yuan (宮世雲), c. Glimachihtze (吉利馬席慈), sujet allemand. *Inexécution d'un marché de construction.*	23 Mai 1923	14 Juillet 1924	Défendeur condamné à payer au demandeur une somme de 944 *yuan* 22 cents, avec intérêts mensuels à 12% à dater du jour de la requête jusqu'à la fin de l'exécution du présent jugement. Rejet de toutes les autres conclusions du demandeur et de la demande reconventionnelle du défendeur.	Solution de l'affaire retardée par la nécessité d'attendre des documents demandés au Consulat du Japon.

Tribunaux	Nature des affaires	Date de recevabilité des actions	Date des jugements	Résultats	Observations
Tribunal de district de Ts'ing-tao, (Province de Chan-tong).	Farda (法爾達), sujet allemand, c. Yao Tai Wen (姚泰文). *Non-payement de dette.*	9 Juillet 1924	17 Juillet 1924	Yao Tai Wen condamné à payer à Farda une somme de 305 *yuan*.	
— d° —	Hannas (漢納司), commerçant américain, c. Pinas (皮納司), sujet russe. *Résiliation de contrat.*	14 Juillet 1924	5 Août 1924	Demande rejetée. Demandeur tenu d'exécuter le contrat et de payer mensuellement au défendeur une somme de 16 *yuan* 25 cents à compter du 16 Juillet de l'année courante jusqu'au jour qui précédera l'exécution du contrat En cas d'inexécution, le demandeur sera tenu de payer à titre d'indemnité au défendeur une somme de 2490 *yuan*. Exécution provisoire ordonnée, le demandeur devant rembourser au défendeur une somme de 78 *yuan* 90 cents. Rejet des autres demandes reconventionnelles du défendeur.	
— d° —	Molopeirto (穆羅白爾特), sujet allemand, c. Yelinsk (葉林司克), sujet polonais. *Non-payement de dette.*	28 Juillet 1924	19 Août 1924	La maison grevée d'une hypothèque par le défendeur, sise rue Mon-Ying N° 9, à Tsingtao, sera vendue aux enchères publiques. Le prix de vente sera affecté au remboursement au demandeur de son capital s'élevant à la somme de 5500 *yuan*, plus des intérêts mensuels à 10% à compter de Novembre 1923 jusqu'à l'exécution du jugement.	
— d° —	Weihsinsk (街[illegible]斯克), c. Luitohua (律脫華), sujets russes. *Non-payement de salaires.*	20 Août 1924	26 Août 1924	Transaction.	

Tribunaux	Nature des affaires	Date de recevabilité des actions	Date des jugements	Résultats	Observations
Tribunal de district de Ts'ing-tao, (Province de Chan-tong).	Peiminta (白達明), sujet allemand, c. Liu Chih Kwan (劉子關). *Hypothèque.*	9 Juillet 1924	2 Sept. 1924	Défendeur tenu de rembourser au demandeur la somme de 2000 *yuan* en capital, plus un intérêt annuel de 10% à dater du 1er Janvier 1917 jusqu'à l'exécution du jugement. Si le défendeur ne paye pas les sommes indiquées plus haut, le demandeur sera payé par préférence suivant son rang hypothécaire sur le prix provenant de la vente du terrain et de la maison du défendeur sis Fe-Chen-Lou N° 19.	
— d° —	Ouang Fou Yuan (王服元), c. Mayer (馬雅), sujet canadien. *Non-payement de frais de transport.*	27 Août 1924	8 Sept. 1924	Défendeur tenu de rembourser au demandeur une somme de 184 *yuan* 25.	
— d° —	Mao Vense (毛文士), c. Mayer (馬雅), sujet canadien. *Non-payement de marchandises fournies.*	27 Août 1924	8 Sept. 1924	Défendeur tenu de payer la somme de 1290 *yuan*, valeur des vêtements, au demandeur qui, après avoir reçu ladite somme, devra remettre au défendeur 4 complets.	
— d° —	Hanachinshin (哈娜慶仙), sujet allemand, c. Lin Lai Shi (林來[illegible]). *Tutelle.*	6 Sept. 1924	10 Sept. 1924	Demande rejetée.	
— d° —	Shihwars (石瓦爾斯), sujet allemand, c. Fulumen (福祿門), sujet russe. *Non-payement de frais de logement.*	23 Sept. 1924	27 Sept. 1924	Défendeur tenu de payer au demandeur la somme de 140 *yuan* à titre de frais de logement. Exécution provisoire ordonnée.	

Tribunaux	Nature des affaires	Date de recevabilité des actions	Date des jugements	Résultats	Observations
Tribunal de district de Ts'ing-tao, (Province de Chan-tong).	Maofulan (茂嘞門), c. Laiteuyenksch (賴特顏克羅), sujets allemands. *Non-payement de dette.*	4 Mars 1924	8 Nov. 1924	Défendeur tenu de payer au demandeur une somme de 1877 *yuan* 40. Rejet des autres conclusions du demandeur.	
— d° —	Romaloff (羅馬洛夫), sujet russe, c. Liu Ming Gan (劉銘鋼). *Non-payement de dette*	1er Déc. 1924	12 Déc. 1924	Transaction.	
— d° —	Malutze (馬露滋), c. Stanli (斯丹榮), sujets russes. *Non-payement de dette.*	28 Octobre 1924	23 Déc. 1924	Défendeur tenu de payer au demandeur la somme de 4000 *yuan*, avec intérêts mensuels à 12% à dater du 2 Mars 1921 jusqu'à l'exécution du jugement. Rejet des autres conclusions du demandeur.	
— d° —	Chao Fu Hwe (矯扶惠). c. Hanlishih (漢德布郎韓里深), sujet allemand. *Non-payement de salaires.*	24 Dec. 1924	14 Janvier 1925	Défendeur tenu de payer au demandeur une somme de 52 *yuan* 41, avec intérêts mensuels à 12% à dater du 8 de la 1ère lune 1924 jusqu'à l'exécution du jugement. Rejet des autres conclusions du demandeur.	
— d° —	Autenlinchi (奥頓凌頓), c. Hanlishih (漢禮希), sujets allemands. *Non-payement d'une somme d'argent.*	5 Janvier 1925	17 Janvier 1925	Demande rejetée.	
— d° —	Wang Chi Li (王積利), c. Hanlishih (漢禮希), sujet allemand. *Non-payement de marchandises fournies.*	9 Janvier 1925	17 Janvier 1925	Défendeur tenu de rembourser au demandeur une somme de 195 *yuan* 58.	

Tribunaux	Nature des affaires	Date de recevabilité des actions	Date des jugements	Résultats	Observations
Tribunal de district de Ts'ing-tao, (Province de Chan-tong).	Cha Ching Shan (逯靜山), c. Hanlishih (漢儂帝), sujet allemand. *Non-payement de marchandises fournies.*	9 Janvier 1925	19 Janvier 1925	Défendeur tenu de payer au demandeur une somme de 27 *yuan*, valeur du charbon fourni. Exécution provisoire ordonnée.	
— d° —	Tufenbeck (杜芬白克), c. Maolier (毛雷兒), sujets allemands. *Non-payement de dette.*	17 Janvier 1925	21 Janvier 1925	Défendeur tenu de rembourser au demandeur une somme de 500 *yuan*.	
— d° —	Hsu Yung Chuan (徐永泉), mandataire de Mo Tze Hsiang (莫子湘), c. Hanlishih (漢儂帝), sujet allemand. *Non-payement de marchandises fournies.*	21 Janvier 1925	31 Janvier 1925	Défendeur tenu de payer au demandeur une somme de 248 *yuan* 20.	
— d° —	Sanayuemaoff (沙那玉毛夫), c. Twursk (邵爾斯克), sujets russes. *Non-payement de salaires.*	5 Janvier 1925	2 Février 1925	Transaction.	
— d° —	Tufenbeck (杜芬白克), c. Maya (馬牙), sujets allemands. *Non-payement d'une somme d'argent.*	17 Janvier 1925	18 Février 1925	Défendeur tenu de payer au demandeur une somme de 795 *yuan*.	
— d° —	Fegan (菲根), et autres c. Yanfeganr (楊菲根耳), sujets russes. *Restitution de bijoux donnés en gage.*	2 Février 1925	23 Février 1925	Défendeur tenu de laisser le demandeur racheter une paire de boucles d'oreilles et une bague en or ornées de diamants données en gage, outre le payement d'une somme de 2000 *yuan*. En outre, défendeur tenu de rembourser au demandeur une somme de 15 *yuan*. Rejet des autres conclusions du demandeur. Exécution provisoire ordonnée en ce qui concerne le remboursement de 15 *yuan*.	

Tribunaux	Nature des affaires	Date de recevabilité des actions	Date des jugements	Résultats	Observations
Tribunal de district de Ts'ing-tao, (Province de Chan-tong).	Hanlishih (漢禮希), sujet allemand, c. Chi Chih Shen (遲靜山). *Non-payement de marchandises fournies.*	19 Février 1925	4 Mars 1925	Appel rejeté.	
— d° —	Hanlishih (漢禮希), sujet allemand, c. Chao Fu Chung (矯扶忠). *Non-payement de salaires.*	17 Février 1925	6 Mars 1925	Appel rejeté.	
— d° —	Maofulan (茂福蘭郎元富兒), c. Tufenbeck (杜芬白克), sujets allemands. *Non-payement de dette.*	17 Février 1925	9 Mars 1925	Appel rejeté.	
— d° —	Li To Shun (李德順), c. Maofulan (茂福蘭), sujet allemand. *Non-payement de dette.*	23 Mai 1923	17 Mars 1925	Défendeur tenu de rembourser au demandeur une somme de 7150 *yuan* en capital, de 4843 *yuan* 36 à titre d'intérêts, plus des intérêts annuels à 9% sur le capital à dater du 1er Janvier 1922 jusqu'à l'exécution du jugement, sans que la somme totale des intérêts puisse dépasser le montant du capital.	Solution de l'affaire retardée à raison de l'attente d'archives provenant du Consulat du Japon.
— d° —	Hanlishih (漢禮希), sujet allemand, c. Wang Chi Ho (王積和). *Non-payement de marchandises fournies.*	19 Février 1925	12 Mars 1925	Appel rejeté.	
— d° —	Hanlishih (漢禮希), sujet allemand, c. Mo Chih Hsiang (穆子湘). *Non-payement de marchandises fournies.*	29 Février 1925	12 Mars 1925	Appel rejeté.	

Tribunaux	Nature des affaires	Date de recevabilité des actions	Date des jugements	Résultats	Observations
Tribunal de district de Ts'ing-tao, (Province de Chan-tong).	Mokewusuff (克莫烏參夫), sujet russe, c. Li Tze Yang (李子揚). *Non-payement de loyer.*	3 Février 1925	21 Mars 1925	Désistement	
— d° —	Maya (馬牙), c. Tufenbeck (杜芬白克), sujets allemands. *Inexécution de contrat.*	7 Mars 1925	27 Mars 1925	Appel rejeté.	
— d° —	Maogaulauwusoff (毛槁老武梭夫), c. Shunerman (荀兒淪), sujets russes. *Non-payement de dette.*	17 Mars 1925	3 Avril 1925	Transaction.	
— d° —	Litohua (利脫滑), c. Tuersky (杜而司斐), sujets russes. *Non-payement de dette.*	7 Avril 1925	18 Avril 1925	Défendeur tenu de payer au demandeur une somme de 600 *yuan* ; rejet du surplus des conclusions.	
— d° —	Ketoff (克脫輪), sujet russe, c. Kaoteman (高德門), sujet allemand. *Non-payement de dette.*	15 Avril 1925	2 Mai 1925	Transaction.	
— d° —	Yuntenlieff (永田鐵夫), sujet japonais, c. Maliakeleuwatebuchaeko (馬利亞克屢瓦德布報郎哥), sujet russe. *Hypothèque.*	21 Avril 1925	8 Mai 1925	Deux maisons et un terrain sis Benpo Hunan Road, N° 41, grevés d'hypothèque par le défendeur pour la succursale de la Cie japonaise de colonization à T'sing-tao, seront vendus aux enchères publiques, le prix provenant de cette vente à être affecté au payement de la dette.	
— d° —	Autenlinchi (放頭凌基), c. Hamishih (漢錫希), sujets allemands. *Non-payement de salaires.*	23 Déc. 1924	21 Mai 1925	Défendeur tenu de payer au demandeur la somme de 540 *yen*.	

Tribunaux	Nature des affaires	Date de recevabilité des actions	Date des jugements	Résultats	Observations
Tribunal de district de Ts'ing-tao, (Province de Chan-tong).	Hananchinhsien (哈娜[illegible]仙), c. Yuanhonmila (侻防米拉), sujets allemands. *Succession.*	27 Juin 1924	6 Juin 1925	Transaction.	Solution de l'affaire retardée par suite d'une interprétation de la loi demandée par le tribunal saisi au Ministère de la Justice, et en raison d'une tentative de conciliation.
— d° —	Maofulan (茂福蘭), sujet allemand, c. Li Teh Shun (李德順). *Non-payement de dette.*	17 Mars 1925	12 Juin 1925	Défendeur tenu de payer au demandeur une somme de 1000 *yuan*, avec intérêts annuels à 9% à dater du 28 Mai 1922 jusqu'au jour du payement du capital. Rejet des autres conclusions d'appel et de la demande incidente d'exécution provisoire.	
Section du tribunal de district de T'sing-tao, (Province de Chan-tong).	Li Shunte (李順德), c. Alamashaoff (拉馬少夫), sujet russe. *Non-payement de dette.*	5 Sept. 1924	16 Sept. 1924	Transaction.	
Tribunal supérieur du Hou-pei.	Wang Mao Tang (王茂堂), c. Miyae & C° (咪吔), compagnie allemande. *Non-payement de dette.*	23 Janvier 1924	30 Avril 1924	Appel rejeté.	
— d° —	Banoff (巴諾夫), sujet russe, c. Sun Hwei Ching (孫惠卿). Titre de propriété.	10 Avril 1923	5 Mai 1924	Appel rejeté.	Solution de l'affaire retardée par suite de délais employés à la recherche des preuves.

Tribunaux	Nature des affaires	Date de recevabilité des actions	Date des jugements	Résultats	Observations
Tribunal supérieur du Hou-pei.	Wang Hua Liang (王化良), c. Kiacerche (葛爾祉), commerçant allemand. *Non-payement de dette.*	1er Avril 1924	2 Juin 1924	Appel rejeté.	
— d° —	Kaili & C° (凱利), compagnie allemande, c. Wang Lai et Cie (望德), compagnie hollandaise. *Non-payement de dette.*	27 Octobre 1924	19 Janvier 1925	Appel rejeté.	
Tribunal de district de Hia-keou, (Province de Hou-Pei).	Miyae et C° (咪啦), compagnie allemande, c. Chen Shou Tang (陳受堂), et autres. *Non-payement de dette.*	13 Déc. 1923	21 Janvier 1924	Le défendeur Chen Shou-Tang est tenu de payer la dette due à Miyae et C°, soit 2750 *yuan*, avec intérêts au taux de 50000 sous par mois, à dater du 16 de la 3ème lune de l'année en cours jusqu'à l'exécution du jugement; à défaut par le défendeur d'exécuter ses obligations, Sung-Chien-Wou (宋鑑吾) sera tenu de payer une partie du capital de la dette, soit 1500 *yuan*, plus le montant total des intérêts du capital intégral. Si Sung-Chien-Wou retarde son payement, Myae et C° pourra demander la vente aux enchères des maisons et terrain hypothéqués par Sung-Chien-Wou au profit du demandeur et situés à Tien-Bao-Lane, Chu-Jen Fang, en cette ville, et se faire rembourser, sur le prix, de la somme dont Sung-Chien-Wou est responsable, à titre de payement partiel de la dette. Rejet des autres conclusions du demandeur.	

Tribunaux	Nature des affaires	Date de recevabilité des actions	Date des jugements	Résultats	Observations
Tribunal de district de Hia-keou, (Province de Hou-Pei).	Song Chi Chang (宋吉章), c. Miyae et C° (咪吔), compagnie allemande. *Hypothèque*	19 Déc. 1923	21 Janvier 1924	Demande rejetée.	
— d° —	Wanglai et C° (宗寶), compagnie hollandaise, c. Chowli et C° (周利), compagnie allemande. *Non-payement de dette.*	11 Juin 1924	20 Sept. 1924	Défendeur tenu de payer au demandeur la somme de Shanghai *taëls* 1845, 53, avec intérêts à 7% par an du 31 Juin 1922 jusqu'à l'exécution du jugement. Rejet de la demande reconventionnelle du défendeur.	
— d° —	Yoboteus (俄博德師), sujet russe, c. Stoff (師多福), sujet russe. *Inexécution de contrat.*	1er Octobre 1924	27 Nov. 1924	Défendeur tenu de payer au demandeur la somme de 500 *yuan* pour indemnité d'inexécution. Rejet de la demande d'exécution provisoire.	
— d° —	Tumen (杜門), sujet brésilien, c. Baoshihteuteu (包西德德因), sujet russe. *Inexécution de contrat.*	23 Octobre 1924	2 Déc. 1924	Défendeur tenu de payer au demandeur la somme de 270 *yuan*. Rejet des autres conclusions du demandeur et de la demande d'exécution provisoire.	
— d° —	Pengu (彭谷), c. Chalitze (施立子), sujets russes. *Non-payement de dette.*	28 Février 1925	28 Mars 1925	Défendeur tenu de payer au demandeur la somme de 53 *yuan*.	
— d° —	Pengu (彭谷), c. Beulitekan (別立了廿因), sujets russes. *Non-payement de dette.*	28 Février 1925	28 Mars 1925	Défendeur tenu de payer au demandeur la somme de 6 *yuan*.	
— d° —	Chang Kee (昌記), compagnie chinoise, c. Tienli et C° (天利), compagnie allemande. *Dommages-intérêts.*	11 Février 1925	7 Avril 1925	Demande rejetée.	

Tribunaux	Nature des affaires	Date de recevabilité des actions	Date des jugements	Résultats	Observations
Tribunal supérieur du Kiang-sou.	Hsu-Hwei-Ping (徐惠平), c. Stinhor (司丁霍兒), sujet allemand. *Non-payement de marchandises fournies.*	28 Nov. 1924	13 Déc. 1924	Désistement.	
— d° —	Han Ma Ban Ru (韓馬班如), c. Eso (伊速), sujet allemand. *Non-payement de marchandises fournies.*	16 Mai 1925	19 Mai 1925	Appel rejeté.	
Tribunal de district de Chang-hai, (Province de Kiang-sou).	Imais (伊買司), c. Putinkotaten (普丁科塔田), sujets russes. *Non-payement de dette.*	9 Janvier 1924	18 Janvier 1924	Défendeur tenu de payer au demandeur le somme de 59 *yuan*.	
— d° —	Emasliwei (依碼司利威), c. Meiluananyin (梅盧愛挪因) sujets russes. *Non-payement de frais de logement.*	6 Mars 1924	18 Mars 1924	Défendeur tenu de payer au demandeur la somme de 64 *yuan* 10. Exécution provisoire ordonnée.	
— d° —	Gente (耿德), et autres, sujets allemands, c. Mao-Wen-Chih (毛文治). *Non-payement de marchandises fournies.*	31 Mai 1924	31 Mai 1924	Transaction.	
— d° —	Kelimaoshihtintyeasp (克立穆什廷依阿斯甫), c. Kolasalopuvenkateulin (科米薩羅甫鮑開鐵齡), sujets russes. *Non-payement de frais de logement.*	18 Juin 1924	25 Juin 1924	Transaction.	

Tribunaux	Nature des affaires	Date de recevabilité des actions	Date des jugements	Résultats	Observations
Tribunal de district de Chang-hai, (Province de Kiang-sou).	Cha Yien Shih (査劍石), c. Peterloff (比德綠夫), sujet russe. *Non-payement de loyer.*	11 Juillet 1924	19 Juillet 1924	Transaction.	
— d° —	Taishiher (部世爾), sujet autrichien, c. Mao Wen-Chih (毛文治). *Non-payement de marchandises fournies.*	4 Août 1924	7 Août 1924	Défendeur tenu de payer à Hawyuan et C°, de la maison du demandeur, le prix des marchandises, soit 5651 *taëls* 85 ; les intérêts, soit 287 *taëls* 85 ; le loyer des magasins généraux, soit 15 *taëls* ; la prime d'assurance, soit 35 *taëls* 60. Il est également tenu de payer les intérêts du prix des marchandises achetées, au taux de 4/10000% de la valeur des marchandises ; le loyer des magasins généraux pour le dépôt de 11 caisses de marchandises, le loyer mensuel pour une caisse étant de 3 *taëls* 85 : le tout à compter du 1er Septembre de l'année en cours jusqu'à l'exécution du jugement.	
— d° —	Chow Chao-Shen (周紹陞), c. Chayesto (伽以司脫), sujet allemand. *Location*	26 Sept. 1924	7 Octobre 1924	Transaction.	
— d° —	Stinhor (司丁犽兒), sujet allemand, c. Hsu Wei Ping (徐惠平). *Non-payement de marchandises fournies.*	6 Sept. 1924	27 Octobre 1924	Défendeur tenu de payer au demandeur la somme de 4497 Changhai *taëls* 53. Rejet des autres conclusions du demandeur.	

Tribunaux	Nature des affaires	Date de recevabilité des actions	Date des jugements	Résultats	Observations
Tribunal de district de Chang-hai, (Province de Kiang-sou).	Lofoyemais (羅佛依買司), sujet roumain, c. Stairsrofpochailo (司太留司若夫勃爾落), sujet russe, et autres. *Non-payement de loyers.*	18 Mars 1925	6 Avril 1925	Chacun des défendeurs est tenu de payer au demandeur la somme de 80 *yuan*.	
— d° —	Wang Lien-Chow (王連舟), c. Laisff (來司夫), sujet russe. *Location.*	16 Avril 1925	25 Avril 1925	Transaction.	
— d° —	Eso (伊速), sujet allemand, c. Han Ma Ban Ru (韓馬班如), et autres. *Non-payement de marchandises fournies.*	29 Avril 1925	29 Avril 1925	Désistement à l'instance à l'égard de Han Ma Ban Ru et transaction à l'instance avec Hsu Yin-Chow; de laquelle transaction procès-verbal à été dressé.	
— d° —	Leek (利克), et autres commerçants allemands, c. Chang Tien Shan (張鐵山). *Dommages-intérêts.*	4 Mars 1925	22 Mai 1925	Transaction.	
— d° —	Taishiher (部世爾) sujet allemand, c. Hsia Hion-Ching (夏頌卿). *Non-payement de marchandises fournies.*	18 Mai 1925	30 Mai 1925	Défendeur tenu de payer à Han Yun and C°, de la maison du demandeur, la valeur des marchandises achetées, soit 482. 41 *taëls*; les intérêts au taux de 10% par mois, du 9 Février de l'année en cours, jusqu'à l'exécution du jugement; le loyer des magasins généraux, au taux mensuel de 2 *taëls* 50 durant le laps de temps sus-mentionné. Il est également tenu de retirer les cinq caisses de satin achetées par lui.	

Tribunaux	Nature des affaires	Date de recevabilité des actions	Date des jugements	Résultats	Observations
Tribunal de district de Wou-hien, (Province de Kiang-sou).	Eso (伊速), sujet allemand, directeur de Han-Yun and C° (漢運), à Changhai, c. Pan Hsien-Hsin (潘顯新), et autres, en tout 99 défendeurs. *Non-payement de dette.*	12 Mai 1925	23 Juin 1925	Transaction.	
Section de tribunal de district rattachée à la direction judiciaire du bureau du Toutong de Chahar.	Lu Ping Lun (盧炳倫), représentant de Hohsien and C° (和信), compagnie russe, c. Jen Sheu Hsan (任學善). *Location et réclamation de mobilier.*	26 Mars 1925	11 Mai 1925	Yong Kwang Fa (永廣發), est tenu de quitter sans délai la maison louée par Chang et Ho à Hohsien and C° et que cette Cie avait sous-louée à Yong Kwang Fa ; il est également tenu de rendre le mobilier actuellement en sa possession et qui lui avait été prêté par Hohsien and C°. Le loyer de la maison dû pour l'année courante depuis l'entrée en possession de Hohsien and C_o est à la charge de cette société. Rejet des demandes reconventionnelles du défendeur.	

Collection de Textes Législatifs
et de
Décisions de Jurisprudence
de la
République de Chine.

Publication Officielle.

Règlement de Procédure pénale	$ 2.00
Code Pénal provisoire	2.00
Législation commerciale	2.50
Règlement de Procédure civile	2.50
Recueil des Sommaires de la Jurisprudence de la Cour Suprême (1er fascicule)	4.00
Recueil des Sommaires de la Jurisprudence de la Cour Suprême (2e fascicule)	4.00
Projet de Code civil (Livre I)	1.50
Projet de loi sur les Effets de commerce	1.00
Documents relatifs à la situation des Etrangers devant les Tribunaux chinois	1.50
Supplément au Recueil des Sommaires de la Jurisprudence de la Cour Suprême	2.00

Sous Presse ou en Préparation:

Lois et Règlements d'organisation judiciaire.
Projet de Code civil (Livre II).
Lois diverses.

En Vente à la Librairie Française, Pékin.

Prix : Un dollar cinquante cents.

www.ingramcontent.com/pod-product-compliance
Ingram Content Group UK Ltd.
Pitfield, Milton Keynes, MK11 3LW, UK
UKHW021118260726
13994UKWH00002B/934